CAMINOS PARA LA EDUCACIÓN

DIRECTORA DE LA COLECCIÓN:
Silvina Gvirtz

DISEÑO DE TAPA:
El ojo del huracán®

CIPPEC®

AXEL RIVAS
FLORENCIA MEZZADRA y CECILIA VELEDA

CAMINOS PARA LA EDUCACIÓN

Bases, esencias e ideas
de política educativa

GRANICA

BUENOS AIRES - BARCELONA - MÉXICO - SANTIAGO - MONTEVIDEO

© 2013 *by* Axel Rivas, Florencia Mezzadra y Cecilia Veleda
© 2013 *by* Ediciones Granica S.A.

ARGENTINA
Ediciones Granica S.A.
Lavalle 1634 3° G / C1048AAN Buenos Aires, Argentina
Tel.: +54 (11) 4374-1456 Fax: +54 (11) 4373-0669
granica.ar@granicaeditor.com
atencionaempresas@granicaeditor.com

MÉXICO
Ediciones Granica México S.A. de C.V.
Valle de Bravo N° 21 El Mirador Naucalpan Edo. de Méx.
(53050) Estado de México - México
Tel.: +52 (55) 5360-1010 Fax: +52 (55) 5360-1100
granica.mx@granicaeditor.com

URUGUAY
Ediciones Granica S.A.
Scoseria 2639 Bis
11300 Montevideo, Uruguay
Tel: +59 (82) 712 4857 / +59 (82) 712 4858
granica.uy@granicaeditor.com

CHILE
granica.cl@granicaeditor.com
Tel.: +56 2 8107455

ESPAÑA
granica.es@granicaeditor.com
Tel.: +34 (93) 635 4120

www.granicaeditor.com

Reservados todos los derechos, incluso el de reproducción en todo o en parte, en cualquier forma

GRANICA es una marca registrada

ISBN 978-950-641-782-6

Hecho el depósito que marca la ley 11.723
Impreso en Argentina. *Printed in Argentina*

Rivas, Axel
 Caminos para la educación: bases, esencias e ideas de política educativa / Axel Rivas; Florencia Mezzadra; Cecilia Veleda. - 1ª ed. - Buenos Aires: Granica, 2013.
 272 p.; 22x15 cm.

 ISBN 978-950-641-782-6

 1. Politicas Educativas. I. Mezzadra, Florencia II. Veleda, Cecilia III. Título
 CDD 370.1

ÍNDICE

AGRADECIMIENTOS	11
INTRODUCCIÓN	15
PRIMERA PARTE	
PLANIFICAR LA POLÍTICA EDUCATIVA	19
Capítulo 1	
EL PODER DE LA POLÍTICA EDUCATIVA	21
¿Cómo se vincula la política educativa	
con las prácticas pedagógicas?	21
Dimensiones de su influencia en las prácticas pedagógicas	
y los aprendizajes	24
La relación entre el Estado y la educación	28
Las esferas de gobierno de la educación	28
Las modalidades de intervención de la política educativa	31
Los dispositivos de política educativa	36
Capítulo 2	
CONDICIONES PARA GOBERNAR LA EDUCACIÓN	45
Introducción	45
Las condiciones determinantes	46
Las condiciones estratégicas	48
Capítulo 3	
HACER POLÍTICA EDUCATIVA	67
Introducción	67
Formatos de las intervenciones de política educativa	68
La formulación de la política educativa	72

Modelos de agenda de política educativa	73
La agenda frente a los demás	78
La implementación de las políticas educativas	81
La duración de las intervenciones	82
Dimensión de las intervenciones	83
La participación y los actores	86
Modelos de participación en la formulación e implementación de las políticas educativas	86
La distribución de la política educativa	89
Modelos distributivos de las políticas educativas	89
Una mirada de conjunto	93

SEGUNDA PARTE
OPCIONES DE POLÍTICA EDUCATIVA — 97

INTRODUCCIÓN A LA SEGUNDA PARTE — 99

Capítulo 4
POLÍTICAS DE INCLUSIÓN Y JUSTICIA DISTRIBUTIVA — 103

Eje temático 1. Protección social desde el sistema educativo	104
Eje temático 2. Inclusión	112
Eje temático 3. Asignación de la oferta educativa	116
Eje temático 4. Integración y fomento de la diversidad	121

Capítulo 5
POLÍTICAS PARA LA DOCENCIA — 129

Eje temático 1. Formación docente	131
Eje temático 2. Carrera docente	140
Eje temático 3. Conducción del sistema educativo y las escuelas	147
Eje temático 4. Formación continua	151
Eje temático 5. Condiciones laborales y salariales	157

Capítulo 6
POLÍTICAS PEDAGÓGICAS Y CURRICULARES — 165

Eje temático 1. Fortalecer los lazos pedagógicos	167
Eje temático 2. Fortalecimiento de la educación primaria	177
Eje temático 3. Renovación de la educación secundaria	188
Eje temático 4. Currículum, materiales y áreas específicas de conocimiento	196
Eje temático 5. Evaluación, apoyo y supervisión de las escuelas	208
Eje temático 6. Cohesión social y democracia escolar	216

Capítulo 7
POLÍTICAS DE NUEVAS TECNOLOGÍAS PARA LA EDUCACIÓN — 225
Opciones de política educativa — 226

CONCLUSIONES Y DESAFÍOS EN MARCHA — 245
Los desafíos del presente — 245
Los avances recientes — 247
¿Qué hacer ahora? — 249
    Una visión del cambio centrada en la justicia distributiva — 249
    Condiciones laborales y pactos de recuperación
        de la escuela pública — 250
    Expandir la experiencia educativa — 251
    Redefinir el sistema para brindar
        un apoyo integral a cada escuela y cada docente — 252
    Formar capacidades pedagógicas continuas — 253
Los caminos están abiertos — 254

BIBLIOGRAFÍA — **257**

ACERCA DE LOS AUTORES — 269
Axel Rivas — 269
Cecilia Veleda — 270
Florencia Mezzadra — 271

AGRADECIMIENTOS

Este libro es el fruto de siete años de trabajo, desde que comenzamos el Proyecto Nexos de Política Educativa en CIPPEC. Fueron varios más (12 en total) desde que iniciamos nuestro trabajo como equipo del Programa de Educación, desde donde alimentamos una discusión propositiva y dialógica.

El Proyecto Nexos fue posible gracias a mucha gente y muchas instituciones. En su primera etapa (2006 a 2009) fue principalmente financiado por la Fundación Navarro Viola, el Banco Galicia, la Fundación Mapfre y Telecom Argentina. También contó con aportes de Zurich Seguros e Intel Argentina. Gracias a ellos pudimos desarrollar uno de los mayores bancos de experiencias y opciones de política educativa del mundo.

En esa etapa se crearon varios cuadernillos que fueron enviados a todos los ministerios de Educación provinciales.[1] Con la llegada de las nuevas gestiones a fines de 2007 comenzó una etapa muy intensa de talleres de planeamiento educativo, que fueron desarrollados en 15 provincias: Santa Cruz, Río Negro, La Pampa, Chubut, provincia de Buenos Aires, Córdoba, Santa Fe, Mendoza, La Rioja, Misiones, Corrientes, Catamarca, Tucumán, Jujuy y Chaco.

---

[1] Los cuadernillos son un antecedente fundamental de este libro y están disponibles en http://nexos.cippec.org

Agradecemos a todas las autoridades y agentes técnicos de la educación que nos abrieron las puertas y participaron de diversas formas en los talleres. Sería imposible nombrarlos a todos y resaltar a algunos sería injusto con los demás. Sus lecciones fueron invalorables para mejorar y adecuar el proyecto a sus contextos y necesidades.

La segunda etapa del Proyecto Nexos (2009-2010) fue posible gracias al financiamiento de la Fundación Tinker, luego de haber ganado el concurso de su convocatoria anual de proyectos. Allí pudimos plasmar todo lo desarrollado en una plataforma virtual para los agentes públicos de la educación y crear un blog de política educativa, que sigue plenamente activo en el presente.[2]

Luego comenzó la etapa de producción del presente libro. Queríamos aprovechar el inmenso caudal de conocimientos y lecciones aprendidas. En esta etapa final contamos con el apoyo de nuevas empresas que se sumaron a la iniciativa original: Banco Itaú, Exo, la Asociación Empresaria Argentina (AEA), Natura e Intel, nuevamente. Gracias a su apuesta y confianza pudimos cerrar (siempre parcialmente) el largo ciclo de análisis de políticas educativas y modelos de gobierno de la educación.

Este libro fue posible no solo gracias a los apoyos financieros mencionados. Los dos consorcios de empresas nos aportaron ideas y participaron de encuentros para tomar decisiones estratégicas sobre el rumbo del proyecto, que fueron de gran utilidad para dar los pasos correctos. Tanto los contenidos, visión y opciones de política de este libro, como los errores en el camino son, claro está, de nuestra exclusiva responsabilidad.

La primera parte de este libro y las conclusiones fueron escritas por Axel Rivas, director del Programa de Educación entre 2002 y 2012. El Capítulo 4 fue escrito por Cecilia Veleda y el 5

---

[2] Web: www.nexos.cippec.org. Blog: www.nexos.cippec.org/blog.

AGRADECIMIENTOS

por Florencia Mezzadra, actuales codirectoras del Programa. Los Capítulos 6 y 7 fueron escritos por Axel Rivas, retomando algunos fragmentos de Batiuk (2008) y Mezzadra y Bilbao (2011).

Pero el recorrido siempre es mucho más amplio que los autores. Todo el equipo del Programa de Educación participó de distintas formas de este largo proyecto y queremos agradecer especialmente a Belén Sánchez, incansable en el apoyo a este libro, Verona Batiuk, Magalí Coppo, Pablo Bezem, Alejandro Vera y Rocío Bilbao. También a Mariano Palamidessi, quien participó en la etapa inicial y elaboró uno de los documentos.

Un agradecimiento que no podemos olvidar está centrado en todas las personas de CIPPEC que hicieron posible la búsqueda de financiamiento, una tarea esencial para llegar a buen puerto con este libro. Nicolás Ducoté e Inés Castro Almeyra fueron claves en la primera etapa. Luego, en la segunda etapa, agradecemos a Fernando Straface, Mercedes Méndez Ribas, Marina Menéndez, Agustina Lattanzi y al equipo de comunicación, especialmente Liora Gomel, que corrigió el texto original.

Los esfuerzos colectivos y de largo aliento son los más difíciles, y nos enorgullece haber logrado plasmar tanto trabajo en un libro. Es una forma de concretar una etapa y esperar que riegue nuevos frutos en el camino de la justicia educativa.

INTRODUCCIÓN

El trabajo de la política educativa es arduo. No da resultados rápidos ni fáciles de comprobar. Requiere alinear grandes esfuerzos e involucrar a numerosas personas. Toma tiempo, negociaciones, estrategias, equilibrios y saberes. Hacer política educativa requiere aprender de las experiencias y de las teorías, de la historia y de la comparación. Este libro busca potenciar todos esos saberes.

En educación, hay pocos antecedentes de libros escritos para los tomadores de decisiones. Es un campo lleno de influencias internacionales y con poca sistematización local. Es sorprendente lo poco que sabemos de lo que hicieron las provincias y los países de la región en los años recientes. Hay tanto por aprender de nuestros vecinos, y poco fue reunido en un mismo lugar para facilitar la mirada integral de la política educativa.

Este libro es el resultado de muchos años de investigación y diversos viajes a las provincias argentinas y a otros países. De alguna manera, comenzó cuando hicimos un amplio trabajo de investigación comparada de las 24 jurisdicciones entre 1991 y 2002 (Rivas, 2004). Siguió con incontables proyectos y encuentros, con nuevos diagnósticos y propuestas (véanse Rivas, Vera y Bezem, 2010; Veleda, Rivas y Mezzadra, 2011; Bezem, Mezzadra y Rivas, 2012). Este es nuestro mayor resumen de lo que aprendimos en más de una década como equipo del Programa de Educación de CIPPEC.

La perspectiva que expresa este libro es la del diálogo propositivo basado en la investigación comparada. El camino de la mejora educativa es el del encuentro de saberes. El encuentro entre especialistas y tomadores de decisiones, entre "técnicos" y "políticos", entre docentes y funcionarios, entre la investigación y la acción. Por eso, el proyecto que dio origen a este libro se llama "Nexos de Política Educativa".

Pero no basta con el diálogo. Es una condición necesaria, pero insuficiente. El diálogo debe ser riguroso, basado en la investigación comparada y en diversas fuentes: evaluaciones, estudios cualitativos, conversaciones con actores y estadísticas. El diálogo debe ser abierto y sincero. Hay que poder hablar con todos para no cerrarse a una postura única ni repetitiva.

En CIPPEC, esta práctica se convirtió en regla. Hemos conversado con gobiernos de todo tipo, con especialistas, organismos internacionales, medios de comunicación, sindicatos, actores del sector privado, empresas y organizaciones sociales. Hemos aprendido de todos ellos y estamos convencidos de que hay un inmenso terreno en común para articular políticas que mejoren la educación.

También hay diferencias profundas de enfoque y de intereses. No las esquivamos y las verán presentes de distintas formas en este libro. Defendemos una visión de la justicia educativa bien definida en sus postulados centrales, como ya señalamos en otras oportunidades (Rivas y otros, 2007; Veleda, Rivas y Mezzadra, 2011). En las conclusiones se retoma esa visión, como un posible mapa de criterios para orientar cursos de acción.

Fue dentro de ese radio de convicciones que seleccionamos las 89 opciones de política educativa que contiene este libro. No hemos incluido opciones que no consideremos valiosas y defendibles. Eso deja afuera muchas políticas con las cuales no coincidimos en términos de principios o viabilidad.

Pero en las 89 opciones seleccionadas no hay un enfoque de recetas. No son propuestas para implementar a ciegas. Son propuestas para abrir la imaginación de la política educativa, alimentar el debate y llenar de opciones la toma de decisiones a nivel provincial y nacional.

Queremos que este libro alimente discusiones renovadas de planeamiento educativo. Son tantas las opciones, que inevitablemente llaman a los criterios para analizarlas. ¿Qué debemos hacer? En cada contexto, según su historia, sus legados pedagógicos, desafíos, recursos, capacidades instaladas y convicciones variarán las respuestas.

No decimos qué hay que hacer, solo buscamos caminos diversos para enriquecer el debate propositivo de política educativa. Esta es una forma concreta de recuperar el rol del Estado en la educación. Con herramientas, opciones y ejemplos que alimenten la mejora y el cambio. Con la convicción de que el Estado puede ampliar masiva e integralmente el derecho a la educación a través de muchas de estas sugerencias de política.

El libro está dividido en dos partes. En la primera nos ocupamos de las formas de la política educativa. Allí se expresan muchos aprendizajes teóricos y prácticos sobre el gobierno de la educación, especialmente aplicables a las provincias argentinas, pero que seguro pueden ser de utilidad para otros países.

El primer capítulo discurre sobre el poder de la política educativa, sobre sus capacidades de impacto en las prácticas. El segundo es una recopilación de las lecciones aprendidas de los mejores ejemplos de gobierno democrático y profesional de la educación. El tercero es una guía para clasificar las políticas educativas y hacer más consciente el ejercicio de planeamiento estratégico de la educación.

En la segunda parte abordamos el contenido. Allí se relatan 89 opciones de políticas educativas dividas en cuatro capítulos: las políticas de inclusión y justicia distributiva; las políticas docentes; las políticas pedagógicas y curriculares, y las políticas con uso intensivo de nuevas tecnologías.

Las opciones son relatadas brevemente. Muchas de ellas tienen referencias de casos similares efectivamente implementados, otras están inspiradas en nuestra propia visión y en experiencias de escuelas o de investigaciones que nos resultaron clarificadoras.

Pocas fueron evaluadas por su impacto, lo cual deja grandes signos de interrogación sobre sus posibles efectos. Pero el impacto de las políticas no solo depende de evaluaciones previas sino, especialmente, de la calidad de la implementación. Por eso, la primera y la segunda parte del libro son complementarias: solo con capacidades potentes de planeamiento educativo podrán aplicarse algunas de las opciones presentadas.

El subtítulo del libro refiere a la forma de clasificar las opciones de política: *bases, esencias e ideas*. Las *bases* aluden a las opciones de política que deben ser aplicadas por la naturaleza del sistema, son de alguna manera inevitables y proponen, en todo caso, mejoras o replanteos de las políticas habituales en marcha. Las *esencias* son los grandes desafíos de la política educativa, los más sustanciosos, los que más cambios podrán traer, pero también los más complejos o costosos de aplicar. Las *ideas* son opciones más abiertas, variadas y muchas veces viables sin grandes costos o estructuras.

Muchas dimensiones quedaron afuera de nuestro análisis. El terreno de la educación es inmenso e inabarcable. Lamentamos no haber tenido tiempo, experiencia o capacidad para abordar temas tan importantes como el nivel inicial, la educación especial, rural, técnica, de adultos, universitarias o para profundizar en los ejes curriculares de matemáticas y ciencias sociales. Entre muchos otros déficits, quizás podamos abordar estas vacancias en futuros trabajos.

La selección de las dimensiones incluidas es extensa y variada. Ojalá sea también nutritiva y permita abrir el planeamiento educativo a nuevos desafíos. Es posible mejorar y cambiar la educación. Se requiere un Estado activo, capaz de mirar a largo plazo y operar con criterios de justicia educativa. Con ese objetivo, esperamos que estos saberes y lecciones sean caminos para la educación del futuro.

PRIMERA PARTE

PLANIFICAR LA POLÍTICA EDUCATIVA

CAPÍTULO 1

EL PODER
DE LA POLÍTICA EDUCATIVA

¿Cómo se vincula la política educativa con las prácticas pedagógicas?

Una serie de preguntas constituye el constante punto de partida y retorno de este libro: ¿cuál es el poder de la política educativa? ¿Cómo llega a las prácticas pedagógicas? ¿Cómo se traducen sus propósitos en los aprendizajes de los alumnos? ¿Hasta dónde pueden llegar sus influencias? ¿Cuáles son sus condicionantes, sus limitaciones? La respuesta –siempre parcial– a estas preguntas persigue un objetivo, que recorre este capítulo: definir el margen de acción de la política educativa, sus horizontes de impacto y su potencial, que el resto del libro intentará expandir y aprovechar.

Estas preguntas fueron abordadas de numerosas formas en el campo internacional de la política educativa. Varios autores resaltaron la capacidad limitada de impacto de la política educativa en las prácticas pedagógicas.

La corriente de la teoría organizacional remarcó las resistencias de la gramática escolar, un conjunto opaco de disposiciones culturales con larga historia y anclado en prácticas religiosas que impide la penetración de las políticas y reformas encabezadas por los gobiernos de turno. Fullan (1991) señaló que lo que piensan los docentes domina las prácticas de enseñanza y que las reformas fracasan sistemáticamente al intentar atajos que esquivan la subjetividad docente, al desconocer la cultura institucional impermeable de las escuelas.

Diversos autores aportaron evidencias a esta perspectiva centrada en las barreras internas que el mundo escolar construye ante la influencia de la política educativa (Hargreaves, 1994; Sarason, 1982; Tyack y Cuban, 1995; Viñao, 2002). Otros autores señalaron la crisis de legitimidad del Estado en los últimos 30 años para explicar el fracaso de las reformas, en lugar de centrarse en los factores internos de la escuela (Weiler, 1994).

En cambio, desde la perspectiva de la economía política de las reformas se asumió que el fracaso provenía de las resistencias de los sindicatos docentes y que, en casos excepcionales, podían ser eludidas con capacidades estratégicas de gobierno (Corrales, 1999; Grindle, 2004; Kaufman y Nelson, 2004).

¿Tan difícil es el arte de la política educativa?

Quizás sea necesario comprender los rasgos específicos del sector educativo para abordar esta pregunta. Si bien cada ámbito de servicios públicos regulado y administrado por el Estado comparte aspectos comunes, es clave definir las dinámicas específicas que el ámbito educativo le imprime a la política pública. Estos rasgos dan alguna idea de la complejidad que enfrentan los agentes públicos de la educación para tener impacto en los aprendizajes de los alumnos, objetivo final de su labor.

- El sistema educativo es masivo y creciente (tanto por el aumento de la población como por la demanda constante de mayores niveles de escolarización), es homogéneo y se reparte como casi ningún otro servicio para cubrir la totalidad de los territorios en representación del Estado.

- Su función, vinculada con la construcción y reproducción de saberes, competencias y valores, lo diferencia de cualquier otra área de intervención del Estado. La salud, la justicia, la seguridad y la propia administración pública son áreas mucho menos ambiciosas en sus fines. El sistema educativo se caracteriza por formar sujetos sociales y adherirlos a una serie de creencias y disposiciones; en definitiva, interviene en profundidad sobre cada uno de ellos.[1]

- Para cumplir estos fines, la educación está institucionalizada, su carácter endogámico encierra una relación densa con los conocimientos y los comportamientos, su herencia lo define como un espacio sagrado, con un halo de virtud que parece indócil para las coyunturas políticas e incomprensible en algunos casos para la mirada externa.

- Pese a su lógica endogámica, la educación es una materia opinable, dado que casi todos pasaron por el sistema educativo y tienen un nivel de familiaridad y cotidianidad con su funcionamiento. Esto reduce su aislamiento a discusiones y propuestas de cambio que provienen de actores no especializados, y favorece cierta improvisación en los debates educativos (a diferencia de lo que ocurre, por ejemplo, con la salud).

- La relación entre el Estado y los aprendizajes de los alumnos se basa en actividades extraordinariamente mediadas por los docentes, lo cual obliga a operar en tiempos largos y políticas profundas que afecten las creencias y los paradigmas de trabajo de los miles de docentes a cargo de las aulas.

---

[1] Como se señala en un trabajo sociológico: "Las escuelas se asemejan a otras organizaciones como los hospitales mentales, las agencias de psicología y las iglesias, todas ellas se dedican a influir y tratar de cambiar complejos y variados patrones de la conducta humana" (Dreeben, 1988:24).

- Su carácter institucional es simultáneo, graduado y cíclico, una temporalidad que esquiva los tiempos políticos y se repite a sí misma sobre la base del calendario escolar. A su vez, su masividad hace que cualquier situación que modifique su rutina tenga un impacto simultáneo sobre millones de hogares, alterando sus rutinas. Esta misma lógica institucionalizada hace a la educación muy impermeable al cambio y la innovación.

Este es el territorio de la política educativa. La capacidad de influencia sobre lo que ocurre en las aulas es limitada. Pero no es nula ni inerte. Depende de la construcción de fuerzas de despliegue de la política pública, de puentes con el sistema, de escuchar las voces y la cultura de las escuelas.

Para definir mejor esos márgenes de acción, es necesario identificar las dimensiones que intervienen en las prácticas pedagógicas y en los aprendizajes de los alumnos. A continuación, presentamos un esquema que sintetiza las cuatro grandes dimensiones de influencia. En algunos casos, esas influencias se vinculan más estrechamente con el sistema educativo –como estructura organizacional formal e institucionalizada–, y en otros, su contacto es más directo con los docentes o con los alumnos.

Dimensiones de su influencia en las prácticas pedagógicas y los aprendizajes

a) **La identidad histórica pedagógico-institucional del sistema educativo.** Según la perspectiva teórica del comparativista Cummings (2003), existen modelos pedagógico-institucionales muy diferentes de organización del sistema educativo. Estos modelos tienen una larga historia en cada país y se afirman sobre el concepto de identidad del sujeto que buscan formar. Sobre esa premisa, cada modelo tiene tipos de escuelas, estructuras de niveles y de clasificación de los alumnos, teorías y dispositivos pedagógicos primordiales, y modalidades específicas de gobierno de la educación.

La historia institucional del sistema educativo argentino está basada en un modelo dual, con una educación primaria y secundaria muy distintas. La primaria, con fuerte impulso estatal, homogénea e inscripta en el modelo de la pedagogía normalista. La secundaria, elitista, enciclopédica y diseñada para formar en el pasaje a los estudios superiores. La herencia de estos rasgos estructurales es un primer factor que influye sobre las prácticas de enseñanza, con una fuerte capacidad de reproducción en el tiempo, a través de costumbres pedagógicas, rituales y dispositivos específicos.

b) **El campo pedagógico de especialistas y del sector privado.** Una segunda esfera de influencias es la del campo pedagógico, conformado por especialistas del ámbito universitario, editoriales y agentes del sector privado que producen conocimientos pedagógicos sin estar basados en el ámbito estatal. Incluso en esta esfera pueden intervenir una serie variada de dispositivos de influencias: la capacitación docente no estatal, revistas pedagógicas, libros de texto y nuevos recursos basados en dispositivos tecnológicos.

En la teoría de Basil Bernstein (1994, 1998), el campo pedagógico compite con el campo estatal en la batalla por traducir conocimientos sociales en el discurso pedagógico. Sin embargo, la distinción no es absoluta. El campo estatal y el campo pedagógico pueden compartir actores e incluso fusionarse en momentos específicos (por ejemplo, en una reforma curricular), pero tienen lógicas distintas y llegan a las prácticas pedagógicas por vías paralelas.

c) **El contexto social y cultural.** La dimensión social y cultural constituye el otro vértice de influencias sobre las prácticas pedagógicas y los aprendizajes de los alumnos. Una inmensa y variada bibliografía ha señalado el impacto de las condiciones socioeconómicas de los alumnos en sus trayectorias escolares, especialmente desde la tradición de la sociología de la educación. Los estudios de factores asociados a la calidad educativa contribuyeron a especificar cómo los contextos condicionan los aprendizajes (LLECE-UNESCO, 2008, 2010; OCDE, 2011a, 2011b).

 Pero la esfera social y cultural no solo afecta los aprendizajes, sino también las prácticas pedagógicas, es decir, los estilos y creencias de enseñanza de los docentes. Tanto las condiciones de vida de los alumnos como el impacto de los cambios en la cultura y las tecnologías de comunicación que rodean las aulas son factores que inciden, quizás cada día más, en las prácticas de enseñanza.

d) **La dimensión de la política educativa.** En relación con estas grandes dimensiones de influencias pedagógicas, la política educativa opera como un cuarto espacio de poder. Su capacidad de influencia en las prácticas pedagógicas está compartida por las otras dimensiones, que tienen una fuerte autonomía relativa y no pueden ser modificadas sino levemente desde el gobierno estatal de la educación. Así, se constata el poder limitado de la política educativa, que debe competir, aliarse, intentar regular o resistirse a las influencias que condicionan las prácticas de enseñanza y aprendizaje.

Las limitaciones de la política educativa no terminan en este primer marco conceptual. El Estado no es un aparato unificado de gobierno. Dentro y fuera de él ejercen su influencia diversos actores en el ámbito de la política educativa: los gobiernos de la Nación y de cada provincia, los actores políticos involucrados, los sindicatos docentes, los actores del sector privado –especialmente la Iglesia católica– y los medios de comunicación, entre otros.

En este contexto de limitaciones, la masificación del sistema educativo produce un efecto agregado de declive de la capacidad de impacto de la política educativa. En la competencia entre *extensión* y *profundidad*, la política educativa de las últimas décadas se ocupa centralmente de ampliar su radio de alcance, y crea más escuelas y cargos docentes. Las prácticas pedagógicas parecen una dimensión más lejana e intratable, que queda en manos del destino interno del sistema educativo. Incluso, para algunos, este camino es inevitable y lleva a la autonomía escolar, por decisión u omisión.

Un ejemplo concreto lo representa la supervisión escolar. A principios del siglo XX (con un sistema que en 1900 abarcaba a unos 450.000 alumnos), un supervisor o inspector representaba la mirada del Estado central en todos los aspectos de la vida escolar, observaba incluso las clases y pedagogías de los docentes. Hoy, un supervisor tiene tantas escuelas, obligaciones y urgencias a cargo (ese mismo sistema cubre a unos 11 millones de alumnos) que, en general, declinó su observación de las prácticas pedagógicas y curriculares.

Este libro se propone analizar la inevitabilidad de este proceso. La política educativa debe reconocer su esfera de acción, que a veces es más amplia de lo que se supone. Pero, sobre todo, debe proponerse nuevas formas de extender su radio de influencia, repensar las modalidades de intervención, generar vínculos pedagógicos institucionalizados, dinámicos y masivos con el conocimiento, los docentes y los alumnos. Para lograrlo, un camino ineludible es repensar la relación del Estado con las prácticas pedagógicas.

La relación entre el Estado y la educación

Un aspecto central de la definición de la capacidad de acción de la política educativa es el rol del Estado. En este apartado se analizarán distintas formas de relación entre el Estado y la educación. Así se busca ilustrar los posibles efectos de las políticas educativas en las prácticas pedagógicas. Esto implica abordar una de las preguntas medulares de la política educativa: ¿quién define qué, cómo y a quiénes se enseña?

Tres clasificaciones permitirán ubicar los debates de política educativa en torno del rol del Estado y reflexionar sobre esta pregunta. En primer lugar, la clasificación de las esferas de gobierno de la educación, es decir: quién tiene las atribuciones de poder para tomar decisiones educativas y pedagógicas, y qué ideas de justicia conlleva cada modelo. En segundo lugar, la clasificación de las modalidades dominantes de intervención del Estado en materia educativa, lo que nos llevará a ciertos debates cruciales que están teniendo lugar en el campo internacional de la política educativa. Por último, se apelará al análisis de los dispositivos de política educativa como una manera más asequible de pensar el rol del Estado y constatar sus capacidades más directas e institucionalizadas de influir en las prácticas de enseñanza.

Las esferas de gobierno de la educación

Distintos autores propusieron clasificaciones de los modelos de gobierno del sistema educativo según el rol del Estado y favorecieron la comparación entre países o casos. Dale (1997) analiza tres esferas de gobierno de la educación —el Estado, el mercado y la comunidad— y propone una clasificación basada en la distribución de tres actividades centrales: el financiamiento, la regulación y la provisión o gestión de la educación. Brunner y Elacqua

(2006) realizan una clasificación más simple, en un cuadro de doble entrada en el que dividen la gestión y el financiamiento en lo público y lo privado, lo que da lugar a cuatro modelos posibles.

La clasificación que se plantea aquí retoma la propuesta desarrollada por Adelantado, Noguera y Rambla (2001) para el terreno general de las políticas sociales, no solo para el sector educativo. Los autores buscan escapar de las clasificaciones binarias simplificadas que oponen Estado y mercado. Para ello, proponen cuatro esferas que aquí se abordan en el terreno específico del gobierno de la educación.

a) **Esfera estatal.** Predomina el gobierno burocrático y centralizado de la autoridad pública, que gestiona y controla qué y cómo se enseña sobre la base de patrones homogéneos de organización del sistema educativo. El poder político cumple un rol preponderante, con agencias centrales de gobierno que permiten la distribución igualitaria y la capacidad redistributiva de los bienes educativos. Su lógica implica la estatalización de las relaciones sociales y educativas.

b) **Esfera mercantil.** Prevalecen las relaciones de intercambio basadas en bienes con valor de mercado. La educación se convierte en una mercancía: se pueden comprar y vender servicios educativos, con amplia libertad y de acuerdo con las capacidades y cualidades de poder de compra de la sociedad. Su lógica implica la mercantilización de las relaciones sociales y educativas.

c) **Esfera familiar.** Supone una informalización de la educación que conduce a la heterogeneidad y diversidad social. Se basa en la participación extendida de las familias en la educación de sus hijos, con bajos niveles de actuación de la esfera estatal. Implica la posibilidad de educar a los hijos en el hogar, y de crear y elegir escuelas por parte de las familias con influencia directa en las formas y contenidos de la enseñanza. Su lógica implica que las familias se hagan cargo de las relaciones sociales y educativas.

d) **Esfera comunitaria.** Se define a partir de grupos sociales organizados que establecen asociaciones, fundaciones, cooperativas y movimientos sociales con responsabilidad directa sobre el sistema educativo. Conlleva la creación de escuelas de gestión social o comunitaria, con mayores cuotas de descentralización del gobierno de la educación estatal. Su lógica supone una mayor simetría y reciprocidad en las relaciones sociales y educativas.

Esta clasificación se aleja de las versiones totales del gobierno de la educación. No existen modelos puros de gobierno estatal, mercantil, informal o comunitario de la educación. En todos los casos, es necesario observar las mezclas, las combinaciones en materia de financiamiento, regulación y oferta educativa.

Hay países, como Holanda, donde predomina la educación privada comunitario-religiosa financiada por el Estado. En otros, como los países más pobres de América Latina, la educación es cofinanciada por el Estado y la comunidad. También existen casos en los cuales los modelos se combinan, como en Estados Unidos, donde no solo existe la educación pública y privada sino la educación en el hogar, como práctica cada vez más extendida.

El rol del Estado se define por sus combinaciones. ¿Cuántas horas pasan los niños de un país aprendiendo en escuelas públicas, privadas, en sus casas, en los medios y tecnologías digitales, en academias privadas? ¿Qué aprenden allí? ¿Quién da forma a sus destinos, a sus posibilidades en la vida, a sus identidades? Estas son las preguntas básicas de la política educativa.

Las modalidades de intervención de la política educativa

Si en el apartado anterior nos preguntamos por el "quién", es hora de preguntarse por el "cómo" de la política educativa.

¿Cómo influye la acción del Estado en las prácticas de los actores? La bibliografía clásica de la ciencia política permite clasificar distintas modalidades de aplicación y cumplimiento[2] de los mandatos estatales. Este punto de partida es central porque define la esencia de las modalidades de intervención de la política educativa como formas de afectar los comportamientos, saberes y sentidos de los actores.

Un texto clásico de Etzioni (1961) analizó las razones por las cuales los sujetos cumplen las reglas en cualquier organización y distinguió tres motivaciones: a) remunerativas o económicas, b) coercitivas o por poder físico, y c) morales o culturales. Otros autores hicieron distinciones similares. Según Boulding (1990), la tríada está constituida por el "intercambio", la "amenaza" y el "amor".[3] El intercambio es una modalidad "productiva", la amenaza es "destructiva" y el amor es "integrador".

Se trata, en definitiva, de categorías centrales en las teorías sobre la aplicación del poder, que permiten distinguir las raíces de distintas modalidades de intervención de la política educativa. Estas tres dimensiones están plenamente presentes tanto en la relación de los docentes con su trabajo como en el vínculo que el Estado establece con ellos y con las escuelas.

Una forma de especificar estas categorías es a través del análisis de las modalidades de intervención de la política educativa

---

[2] En la bibliografía anglosajona el término más utilizado es *enforcement*, para el cual no existe una traducción literal. En algunos textos traducidos al español se habla de "modalidades de observancia / cumplimiento" (Parsons, 2007:537).

[3] Una distinción similar se formula, por ejemplo, con el "precio", la "autoridad" y la "confianza" (Bradach y Eccles, 1989).

en las prácticas de los actores del sistema educativo. ¿Cómo se actúa sobre las escuelas y los docentes desde el Estado? Aquí se presentan cinco modalidades. Es una tipología que remite a los grandes análisis de política educativa, a los debates sobre las formas de conducción estatal de la educación.

Modalidades dominantes de intervención de la política educativa

1) **Regulación estatal.** Los actores del sistema educativo organizan sus prácticas sobre la base de marcos legales claramente delimitados. Las normas inducen, definen y controlan en buena medida el comportamiento de los actores. Continúa el enfoque normalista, con fuerte peso en la tradición educativa argentina (véanse De Miguel, 1999; Puiggrós, 2006). Por lo general, se orienta hacia un sistema homogéneo, con características estandarizadas e intercambiables que se combinan con el método simultáneo de enseñanza. Predomina la idea de que un mismo modelo debe ser igual para todos.
Aquí se priorizan dispositivos de intervención basados en la legislación y en la supervisión como sistema de control. Las escuelas se consideran una red intercambiable e indiferenciada, con baja identidad institucional, donde triunfa una armonía basada en el cumplimiento de la norma. La tradición francesa, de fuerte centralismo y organización regulada de la enseñanza común, es una fuente histórica de esta modalidad de intervención, aún dominante en el contexto de la Argentina.

2) **Intervención estatal directa.** El Estado central interviene de forma directa en las prácticas pedagógicas. Se trata de un modelo que se observa en países o contextos

de baja calificación docente o en gobiernos fuertemente centralizados que definen los contenidos y métodos de enseñanza de forma activa. Puede tener fines muy distintos. En países donde las capacidades pedagógicas de los docentes son mínimas, la intervención directa (con un currículum muy prescriptivo y libros de texto oficiales, por ejemplo) puede apuntar al fortalecimiento de aprendizajes comunes básicos de los alumnos. En otros países de contextos autoritarios, el centralismo puede ser un signo de adoctrinamiento político.

Esta modalidad utiliza dispositivos como la asistencia técnica directa, la supervisión, la producción y distribución de materiales estatales (como libros de texto, guías didácticas, etc.) y se estructura a partir de un currículum detallado o prescriptivo. Requiere de ministerios de Educación altamente capacitados y/o de docentes con fuertes falencias de formación. En cualquier caso, la distancia entre el Estado y los docentes es amplia.

3) **Autonomía y evaluación de resultados.** En este caso, la normativa otorga amplias cuotas de libertad a las escuelas o a los docentes para definir sus proyectos pedagógicos, propiciando diversidad en el sistema. Se complementa con dispositivos de evaluación de resultados y rendición de cuentas. Supone un Estado "estratégico" o subsidiario que delega la gestión y controla los resultados.

Esta modalidad de intervención puede tener dos objetivos: la promoción de la competencia (asemejándose a la cuarta modalidad) o la compensación estatal en las situaciones más vulnerables. Incluso pueden coexistir ambos, como ocurre en el caso de Chile, que expresa en buena medida un ejemplo de esta modalidad de intervención. Las evaluaciones de la calidad, censales con resultados públicos, constituyen un dispositivo regulador central de este modelo.

4) **Incentivos y competencia.** La tensión entre los actores y las escuelas es un es un mecanismo orientado a los resultados, para generar mayor compromiso con la tarea y dedicación a ella, que se ve reforzada por esta modalidad. Se estructura sobre la base de una libertad controlada por incentivos.[4] Es diferente del modelo anterior, que delega y controla los resultados. En cambio, aquí el Estado asume un rol activo al establecer caminos concretos que modelan la conducta de los actores. Por lo tanto, como en la primera modalidad, el Estado regula la actividad (los incentivos son regulaciones obligatorias), aunque no con sistemas de protección sino competitivos.[5]

   La regulación en esta modalidad se basa en premios y castigos que orientan la conducta de los actores, diferenciándolos y clasificándolos. Apela a dispositivos meritocráticos clásicos, como los exámenes (tanto para alumnos como para docentes) y concursos, o a mecanismos propios de la teoría de la elección racional, como el pago por resultados y el financiamiento de las escuelas por demanda de las familias.

5) **Formación y autonomía.** Se trata de una modalidad secuenciada que otorga autonomía a medida que genera capacidades autónomas. Incluye un énfasis en los dispositivos de formación y capacitación de los actores –docentes, directivos, etc.– que puede combinarse en una

---

[4] Los incentivos pueden ser definidos como un cambio en la conducta a partir de factores motivacionales (véase Ulleberg, 2009).

[5] En la teoría clásica de la política pública, Lowi (1972) definió tres funciones del Estado: distributivas, normativas y redistributivas. Distintos autores discutieron esta clasificación. Ripley y Franklin (1982) realizaron un aporte sugerente al distinguir dos modalidades normativas: las regulaciones competitivas y las regulaciones de protección. En este caso se aplicaría esta última clasificación, a través de la regulación se busca ampliar la competencia entre escuelas y/o docentes.

primera fase con regulación o intervención estatal directa. La autonomía, por lo tanto, no es un fin en sí misma (como en la modalidad 3) sino un resultado posterior, condicionado por la generación de capacidades para ejercerla.

Presupone un rol del Estado como garante último de la armonía del sistema: no favorece la autonomía sin condiciones de homogeneidad y capacidades para hacer uso de ella. Pero ese rol estatal no descansa en las modalidades de intervención por regulación, sino en la activación de una conciencia crítica en los docentes, la promoción de diversos caminos de innovación y la generación de redes para compartir esos caminos. Se basa en motivaciones internas de los actores, en formar sus capacidades para actuar, en lugar de apelar a incentivos externos, premios y castigos, pago por resultados o presiones excesivas.

En definitiva, las modalidades de intervención dependen de las creencias sobre cómo se regula un sistema masivo de enseñanza. Implícitamente conllevan distintas teorías del cambio educativo y concepciones éticas sobre el poder estatal y la acción de los sujetos. Retomando la tríada de formas de cumplimiento de los mandatos estatales, existen modalidades más centradas en la perspectiva del gobierno por autoridad, en el rendimiento y los resultados, y en la coproducción de los procesos (Hill y Hupe, 2002:188).

En estas clasificaciones, la forma en que el Estado estructura la relación entre las escuelas y entre los docentes es un eje crucial. Las regulaciones y políticas pueden tender hacia la colaboración, estimular el trabajo cooperativo y la indiferenciación de los resultados individuales, o hacia la competencia, mediante la clasificación y diferenciación de actores e instituciones, y presionar sobre la base de la emulación y los incentivos.

Las modalidades de intervención están asociadas estrechamente con la identidad histórica de los sistemas educativos nacionales, una de las dimensiones de influencia pedagógica analizadas en el primer apartado. La política educativa está generalmente enraizada en modelos organizacionales muy estables, tanto en las esferas de gobierno como en las modalidades de intervención. Cambiar esa relación de fuerzas entre el Estado y la educación significa, en cualquier caso, una reforma educativa profunda.

Pero un país (o una provincia) no está condenado a su modelo educativo. A veces, más que esa posibilidad de cambio radical, es factible entrar al sistema y a las prácticas pedagógicas a través de caminos regulares que el Estado recorre día a día. Los dispositivos de política educativa son la mejor expresión de esos caminos. En el siguiente apartado se propone repensar las modalidades de intervención del Estado a partir de sus dispositivos.

Los dispositivos de política educativa

Las limitaciones de la política educativa para acceder al "secreto" de las prácticas pedagógicas son una temática recurrente entre los analistas y tomadores de decisiones. Esas limitaciones son reales, se basan en la historia de la endogamia de la cultura escolar y en el proceso de masificación del sistema educativo, y se combinan con la caída de la capacidad de legitimidad e intervención del Estado de Bienestar en los últimos 40 años. Pero esas limitaciones también son un nudo a desatar para hacer política educativa, para tener impacto.

Es necesario encontrar miradas distintas de las que acentuaron el análisis sobre el fracaso constante de las reformas educativas.[6] Enfoques que permitan repensar las visiones so-

---

[6] Kettle (2010) desarrolla una crítica a los enfoques que resaltan el constante fracaso de las reformas educativas y sugiere un abordaje más contextualizado, que examine las estabilidades de las prácticas de enseñanza con estudios en profundidad longitudinales y comparados.

bre el Estado y su capacidad de relación con el sistema educativo. Enfoques que abran el Estado al conjunto cotidiano y variado de prácticas de gobierno que llegan y parten de las escuelas, para mostrar que es posible hacer política educativa al modificar las prácticas pedagógicas y los aprendizajes de los alumnos.

La postura que se asumirá aquí busca escapar de la visión macro de la política educativa como grandes relatos. En cambio, se propone una mirada más minuciosa de las conexiones profusas entre las políticas y las prácticas pedagógicas (Rivas, 2013). Esta posición se basa en una teoría del Estado como campo de fuerzas –con diversas lógicas, intereses y tiempos– y no como un aparato unificado de poder. El Estado es un organismo con poder público, pero sus intervenciones no parten de un mismo punto sino que se ramifican en diversos actores y niveles de acción.

La política educativa no solo se funda en los grandes relatos, es decir, en las grandes acciones que definen las leyes, el presupuesto y los ministros (o presidentes y gobernadores). La política educativa es un conjunto mucho más amplio de acciones que tienen la capacidad de definir enfoques, contenidos, estilos de enseñanza y concepciones, así como hacer cumplir mandatos específicos, cotidianos e irregulares. Sus límites son menos claros y explícitos de lo que a veces se supone.

Como señala Stephen Ball (2002), es necesario cambiar la mirada sobre el Estado, dejar el proyecto moderno de la simplicidad abstracta y abordar la complejidad localizada. Esto supone una mirada menos unificada, capaz de seguir el flujo de las influencias sueltas, aleatorias, negociadas. Detrás de esas acciones, que parecen a primera vista caóticas o menores, hay un flujo de relaciones con las escuelas que puede ser aprovechado por el Estado para la mejora sistémica.

Una forma de potenciar esta perspectiva es analizar la capacidad de nutrir las prácticas pedagógicas a través de los grandes canales de comunicación entre el Estado y el sistema educativo: los **dispositivos de política educativa**.

Aquí se define a los dispositivos como mecanismos recurrentes con una lógica propia de intervención, que establecen distintos niveles de coerción sobre los actores e instituciones. Los dispositivos son "aparatos de poder", con dinámicas que definen sus propias reglas de juego entre los actores y adquieren una independencia relativa entre sí. Los dispositivos son mecanismos que conectan el Estado central con las prácticas pedagógicas, son sistemas masivos de comunicación pedagógica.

Reflexionar acerca de estos dispositivos permite repensar las modalidades de intervención del Estado en la educación e incluso el propio modelo de Estado implícito en cada acción de política educativa. La siguiente clasificación se propone ordenar los principales dispositivos de intervención del Estado en la implementación de políticas educativas en la Argentina. Como toda clasificación, resulta en cierta forma arbitraria y puede ser adaptada de acuerdo con los contextos específicos: los dispositivos varían según países, pueden ser creados, modificados y hasta eliminados.

Dispositivos hegemónicos de política educativa en el caso de la Argentina

1) **El currículum.** Abarca todas las intervenciones de política curricular obligatoria para las escuelas que funcionan como una extensión de la normativa educativa, ya que tienen un carácter prescriptivo. Este dispositivo es altamente condicionante de las prácticas pedagógicas y expresa profundas definiciones políticas acerca de qué es legítimo enseñar y aprender en cada contexto. Sigue siendo el principal dispositivo de la política educativa, el

mayor regulador de la conciencia de los alumnos que tiene el Estado en todos los sistemas educativos modernos. Aun así, su capacidad de incidencia puede estar en declive ante las numerosas transformaciones recientes, tanto en el contexto social y cultural como en las propias normas curriculares.

2) **Legislación educativa.** En una tradición normalista, la legislación sigue siendo un dispositivo central, pese a que ha perdido su fuerza histórica. Abarca tanto la legislación macro –las grandes normas estables que regulan el sistema educativo– como la legislación micro, constituida por normas de menor jerarquía y de carácter más cotidiano, como las circulares, disposiciones o incluso las resoluciones ministeriales. La normativa educativa tiene variada capacidad de influencia pedagógica, puede regular comportamientos, hacer sugerencias de lecturas, modelar concepciones pedagógicas, etc. Es un complemento directo del currículum, aunque mucho más variado en sus mandatos y contenidos.

3) **Formación docente.** Se trata del único dispositivo de esta lista que actúa fuera del tiempo presente estricto de la influencia sobre las prácticas pedagógicas. Pero su impacto sobre el futuro de las concepciones, creencias y herramientas pedagógicas de los docentes es fundamental. Se trata de un dispositivo que reposa en rasgos endogámicos de las instituciones formadoras e impone fuertes limitaciones a las intervenciones de la política educativa.

4) **Capacitación docente.** Es un dispositivo complementario a la formación, pero con lógicas muy diferenciadas que favorecen una intervención más directa del Estado, ya sea a través de la oferta directa, la regulación o la acreditación de los cursos. Este dispositivo –al igual que el anterior– supone una transferencia de conocimientos y

experiencias que tienen el potencial de ampliar las capacidades de los actores y la autonomía pedagógica dentro del sistema educativo.

5) **La supervisión escolar.** Es un dispositivo centrado en el cuerpo de supervisores o inspectores. En la etapa fundacional del sistema educativo, fue el dispositivo central de la política educativa, a través del cual se canalizaba la capacitación docente e, incluso, la elaboración de los materiales para la enseñanza. Durante el siglo xx atravesó distintas etapas y se convirtió en un rol de mayor contención de urgencias y demandas, cada vez más fuertemente administrativo. Sin embargo, la principal transformación en curso (al menos en el plano discursivo) de este dispositivo indica el pasaje de un modelo de supervisión basado en el control burocrático y pedagógico a un rol de apoyo local y asesoramiento escolar.

6) **Elaboración, compra, distribución y regulación de materiales y recursos educativos.** Expresa el potencial de las intervenciones pedagógicas directas del Estado mediante la creación de materiales y recursos educativos, así como su compra a la oferta privada y su distribución. Afecta especialmente al libro de texto, el material más determinante de la traducción curricular a las prácticas de enseñanza. Puede, a su vez, abarcar diversos soportes: materiales audiovisuales, programas de radio, *software* educativo, páginas web, revistas, guías para docentes, equipamiento didáctico o libros de texto. La cantidad y calidad de estas producciones es un parámetro de intervención pedagógica del Estado.

7) **Sistemas de evaluación y promoción de los alumnos.** Refiere a la normativa y las políticas específicas que regulan las modalidades de evaluación de los alumnos y los criterios de pasaje y acreditación de los ciclos escolares.

Se diferencia de la normativa analizada en el segundo dispositivo porque cobra una dinámica propia, variada entre las provincias y cambiante en el tiempo. Quizás sea uno de los terrenos de mayor intervención y regulación estatal de las prácticas pedagógicas, porque tiene un peso muy concreto y constatable en las escuelas.

Estos dispositivos dominantes fueron más o menos estudiados por la investigación educativa.[7] Sus características y efectos cambiaron en el tiempo y pueden variar ampliamente según las provincias. Otros dispositivos de la política educativa tienen una presencia menor o escasa en la Argentina, como la evaluación docente, los concursos o los exámenes de acreditación para los alumnos.[8] Incluso, en los años recientes puede ser que haya que comenzar a analizar la aparición de las políticas de una computadora por alumno como un poderoso nuevo dispositivo, que todavía está en una etapa embrionaria.

Los dispositivos se vinculan estrechamente con las dimensiones que influyen en las prácticas pedagógicas, con las esferas de

---

[7] Distintos trabajos específicos permiten ampliar la visión de los dispositivos en su dinámica concreta de funcionamiento para el caso argentino. Algunos ejemplos son las investigaciones sobre el dispositivo curricular (Feldman y Palamidessi, 1994; Palamidessi, 2006; Ziegler, 2001), la regulación de los libros de texto (Fernández Reiris, 2004; Llinás, 2005), los materiales paracurriculares (Batiuk, 2005), los sistemas de evaluación y promoción de los alumnos (Veleda y Batiuk, 2009), la normativa educativa (Veleda, 2009), o la historia de las revistas educativas (Finocchio, 2009) y de la inspección (Dussel, 1995).

[8] Estos dispositivos son muy poderosos en otros países. Por ejemplo, la evaluación docente es una práctica reguladora clave en Chile y, más recientemente, en Ecuador y Colombia (Iaies, 2011). Los concursos tienen una importante tradición y presencia en la Argentina, pero son mucho más poderosos reguladores en sistemas educativos como el francés o en países asiáticos como China y Japón. Los exámenes de acreditación son dispositivos fundamentales en los países que tienen tradición de exámenes de finalización de secundaria (Francia, Alemania, Japón e Italia, entre otros) o los que basan su entrada en las universidades y en la estructura social en sus resultados (como ocurre en medida extrema en Corea del Sur y más parcialmente en Cuba).

gobierno de la educación y con las modalidades de intervención de la política educativa. En la relación entre estos ejes se puede vislumbrar el poder de la política educativa, y en la articulación de los dispositivos está el secreto mejor guardado de su capacidad para influir en las prácticas pedagógicas y en los aprendizajes de los alumnos.

Incluso, en la concepción del Estado como prácticas de gobierno investidas de poder público, los dispositivos pueden ser mejores analistas del rol del Estado en la educación que las esferas de gobierno caracterizadas en el apartado 2.1. Pueden tomarse cinco de ellos: el currículum, la formación docente, la capacitación, la supervisión y los materiales. En cada uno de ellos, es posible realizar el ejercicio práctico de analizar qué actores o campos de influencia tienen mayor capacidad de regulación e intervención

El siguiente cuadro puede ser completado en distintos contextos educativos (comparación de gestiones educativas, de provincias, de países, etc.). Allí se indican cinco campos de influencia y de actores que pueden apropiarse de los dispositivos: el campo estatal, el campo del sector privado (editoriales, cultos religiosos, empresas, etc.), el campo pedagógico de especialistas (universidades, centros de formación, organizaciones de la sociedad civil, etc.), el campo sindical docente y el campo profesional de los propios docentes.

Dispositivos	Campo estatal	Campo del sector privado	Campo pedagógico-especialistas	Campo sindical	Campo profesional-docente
Currículum					
Formación docente					
Capacitación					
Supervisión					
Materiales educativos					

Completar el cuadro para cada contexto específico puede resultar un ejercicio de autoevaluación del poder de la política educativa que permita analizar los principales canales de llegada a las prácticas pedagógicas y las esferas de influencia que regulan esas intervenciones. El ejercicio también permite evaluar el rol del Estado, para repensar las modalidades de intervención en la práctica concreta y asumir desafíos de política educativa que comiencen por vitalizar la articulación de los dispositivos como arenas centrales de justicia y formación de capacidades educativas.

CAPÍTULO 2

CONDICIONES PARA GOBERNAR LA EDUCACIÓN

Introducción

Si el capítulo anterior indagó sobre el impacto de la política educativa –sus limitaciones, sus condicionantes, sus posibilidades–, aquí se buscará potenciar su margen de acción. El camino a recorrer se interna en las estructuras y agencias estatales de gobierno de la educación, principales responsables de esta tarea. Para ello, se propone listar las condiciones que pueden ampliar el horizonte de influencias de la política educativa desde una perspectiva profesional y democrática, centrada en el planeamiento como instrumento de justicia.

Este camino es una forma concreta de fortalecer el rol del Estado en la educación. Si bien la política educativa no está determinada únicamente por el Estado –ni el Estado es un actor unificado o unidimensional–, su función como garante del derecho integral a la educación es medular. Al potenciar un gobierno de la educación ético, estratégico, comprometido, coherente y criterioso se amplían las esferas de impacto de la política educativa y su carácter distributivo.

Este capítulo se divide en dos secciones que definen dos tipos de condiciones del gobierno de la educación: las determinantes y las estratégicas. Las condiciones determinantes son las bases mínimas para hacer política educativa. Las condiciones estratégicas, que ocupan la mayor parte del capítulo, son aquellas que pueden ser moldeadas para lograr refinar y profundizar el accionar del gobierno de la educación, sobre todo en el plano provincial. En la Argentina, los dispositivos de política educativa están fundamentalmente localizados en la esfera provincial, por eso el desarrollo que se presenta a continuación puede ser visto como forma de conducirlos y potenciarlos.

Las condiciones determinantes

Tres condiciones se presentan como determinantes de las posibilidades de hacer política educativa. Si alguna de estas condiciones no está presente, la oportunidad de desplegar y potenciar las condiciones estratégicas se resentirá severamente. Incluso, intentar hacer política educativa a gran escala sin alguna de ellas puede condenar al fracaso las promesas de mejora de cada opción específica de política que presenta este libro. Por eso, el primer trabajo de un gobierno es habilitar y construir las condiciones determinantes que permiten pensar y actuar en el gobierno de la educación.

1) **Disponer de un piso de recursos para la garantía de derechos.** El contexto económico y fiscal del Estado define los pisos y techos de la política educativa. Las desigualdades fiscales en el federalismo argentino constituyen un factor central de esta condición, ya que existen provincias con amplios recursos propios, mientras que muchas otras dependen excesivamente de los ciclos económicos y de los recursos nacionales (véanse Bezem, Mezzadra y Rivas, 2012, y Rivas, 2009). La autonomía presupuestaria de una provincia es una dimensión determinante de su autonomía política. Sin una cantidad de recursos que exceda el piso necesario para "sostener" el sistema educativo, no solo resultan

inviables la inmensa mayoría de las opciones de política de la segunda parte de este libro, sino que se verá limitada de forma severa la posibilidad de avanzar en las condiciones estratégicas del gobierno de la educación.

2) **Gobernabilidad del sistema educativo y de la política educativa.** Las condiciones de gobernabilidad remiten a los marcos de acuerdo básicos entre los responsables de la conducción política del Estado y los actores que participan de las relaciones de fuerza de la política educativa. La discontinuidad de los actores de gobierno (en algunas provincias, por ejemplo, con más de 10 ministros de Educación en 10 años) y la polarización de batallas políticas entre gobiernos y sindicatos o entre partidos políticos son factores determinantes de la posibilidad de gobernar la educación. La ausencia de un clima mínimo de legitimidad y convivencia impide el accionar del Estado y lo debilita ante otras fuerzas que tienden hacia la anomia, el mercado privado o la disolución misma de la política educativa. Lograr condiciones institucionales para la gobernabilidad es una esfera que anticipa el resultado global de la conducción educativa en manos del Estado.

3) **Calidad democrática e independencia de poderes.** Esta condición puede ser vista por algunos como no necesariamente determinante, sino solo deseable. Muchos gobiernos autoritarios desarrollaron políticas educativas, incluso en países donde se lograron altos resultados en las evaluaciones internacionales de la calidad educativa (por ejemplo, Singapur). Sin embargo, una visión democrática de la política educativa impone condiciones éticas imprescindibles para enmarcar el gobierno de la educación.
Entre ellas, se destacan la importancia de la independencia de los poderes públicos, la vigencia de las garantías legales, la transparencia, el recambio democrático de

gestiones de gobierno y la independencia frente al poder económico y a los medios de comunicación, entre otras dimensiones relevantes. Muchas provincias tienen severas deudas en estas dimensiones. Esto no las inhabilita para hacer políticas educativas, pero sí para lo que en definitiva incluye la política educativa: una apropiación por parte de los actores del sistema educativo. Sin legitimidad democrática extendida, esa apropiación estará limitada en la base ética de las políticas educativas (Goodson, 2003).

Las condiciones estratégicas

Las condiciones estratégicas son aquellas que están en el radio de acción de la gestión pública de la educación de las provincias. Es decir que pueden ser afectadas, potenciadas, mejoradas. Con ese propósito, se elaboró el listado de los rasgos centrales que caracterizan a un gobierno de la educación democrático y profesional. Si se avanza en fortalecer estas características, las opciones de política de la segunda parte de este libro serán mucho más viables y articuladas.

Las fuentes para definir estas características son variadas. Por un lado, se recurrió a la bibliografía más destacada dentro del campo de las políticas públicas y, en particular, a la más escasa referencia de la política educativa. Por otra parte, se realizó una consulta a expertos en la gestión de políticas educativas a nivel nacional y provincial.[1] Por último, una fuente central se

---

[1] La consulta abarcó dos procesos metodológicos. Por un lado, entre 2006 y 2007 se realizó una consulta en profundidad con entrevistas a una decena de especialistas en política educativa de la Argentina, en el marco del Proyecto Nexos de Política Educativa. Por otra parte, se realizaron numerosas entrevistas a funcionarios o ex funcionarios, relacionadas específicamente con las condiciones de gobierno de la educación que ellos habían experimentado y su valoración sobre las más relevantes.

basó en la propia experiencia, en la investigación y en el asesoramiento a ministerios de Educación provinciales, ampliada por los talleres desarrollados en quince provincias a partir del proyecto Nexos.[2]

El listado de condiciones estratégicas no es un recetario cerrado, sino un marco amplio de definiciones, que requiere adaptaciones según los contextos. Se trata de un conjunto de características que permiten repensar y evaluar el gobierno de la educación en cada provincia o país.

1) **Diagnóstico y diálogo con las realidades educativas.** El eje principal que define la trayectoria del gobierno de la educación es su capacidad de diagnosticar las realidades educativas. Al menos tres dimensiones alimentan ese diagnóstico, con sus correlatos metodológicos:
   - La recolección, sistematización y uso de la información estadística referida a las distintas variables educativas en todas las áreas de la gestión educativa. El uso activo de la información puede ser potenciado a través de un dispositivo de visualización y análisis de las estadísticas y de seguimiento de indicadores en los distintos niveles de gobierno (Opción 87).
   - La sistematización de las investigaciones sobre las problemáticas educativas actuales y la consulta directa a los especialistas. Si bien la gestión quita tiempo al seguimiento de la investigación educativa, es clave desarrollar un trabajo de resumen con los ejes clave y

---

[2] Los talleres fueron jornadas de planeamiento educativo de uno o dos días de duración con los funcionarios y equipos técnicos de los ministerios de Educación. Entre 2007 y 2011, se trabajó en las siguientes jurisdicciones: Santa Cruz, Río Negro, La Pampa, Chubut, provincia de Buenos Aires, Córdoba, Santa Fe, Mendoza, La Rioja, Misiones, Corrientes, Catamarca, Tucumán, Jujuy y Chaco.

generar investigación desde la gestión educativa para la toma de decisiones.
- Una mirada más íntima y directa de las realidades educativas, a través de visitas y contactos con los actores cotidianos del sistema. Este tipo de contacto funciona como un termómetro de lo que el sistema (fundamentalmente los docentes, pero también padres y alumnos) piensa, siente y percibe; dimensiones centrales a considerar para lograr la implementación adecuada de cualquier política educativa.

Dos problemas se derivan de la falta de diagnósticos y contactos directos con el sistema. Primero: el reemplazo de la rigurosidad de la investigación por una serie de intuiciones políticas o lecturas sesgadas de los datos. Esto deriva en políticas y acciones erradas, que muchas veces terminan siendo "soluciones en busca de problemas". Segundo: un efecto de "deslocalización", una pérdida de sensibilidad directa con las escuelas, que hace fallar las políticas tanto en la forma de ser comunicadas como en su aplicación.

2) **Tener una teoría de la mejora educativa.** Un principio fundamental para gobernar la educación es tener una concepción clara de qué se busca lograr, no solo en términos de las metas educativas –muchas de ellas compartidas con amplios consensos– sino en cómo llegar a alcanzarlas. Los agentes públicos que tienen la responsabilidad de conducir la educación de un país o provincia por un período de gobierno necesitan una teoría de la mejora educativa.
Una teoría no supone un desarrollo elaborado con estándares académicos, sino al menos una serie de supuestos que respondan a las preguntas fundamentales de la política educativa: ¿cómo se potencian los aprendizajes desde la conducción estatal? ¿Qué tipo de cambios en el sistema educativo son necesarios? ¿Cómo se avanza en cambios

masivos –de paradigmas, de concepciones, de prácticas de enseñanza, de organización escolar, de justicia distributiva– en el sistema educativo?

En la bibliografía de la implementación de políticas públicas, esta temática fue abordada a partir de la dimensión de la "tratabilidad del problema" (Aguilar Villanueva, 2003:330). Los tomadores de decisiones, ¿definen el alcance de su capacidad de impacto? ¿Mide una gestión sus fuerzas y establece prioridades sobre la base de una teoría de lo que debe y puede hacerse?

Un ejemplo concreto resalta la importancia crucial de esta dimensión: ¿hasta qué punto la teoría de la mejora educativa supone que es necesario realizar cambios profundos en los sistemas de creencias de los actores educativos?[3] Y si así lo hiciese, ¿cómo sería la propuesta para embarcarse en cambios culturales, que requieren de una fuerte legitimidad, continuidad en el tiempo y sofisticadas tecnologías de intervención de la política pública? ¿Se evitarán esas intervenciones profundas porque son demasiado complejas o inviables? En ese caso, ¿qué tipo de mejora puede esperarse si no se opera sobre la hipótesis de cambio? ¿Se trata de una gestión resignada o de una gestión que busca crear las condiciones futuras de ese cambio cultural, aunque no logre afianzarlas durante su plazo de gobierno?

Estas preguntas –basadas en el diagnóstico y en la teoría de la mejora educativa– deberían definir el tipo de agenda de la política educativa y las modalidades de implementación. Las tipologías del Capítulo 3 plantean

---

[3] El análisis de la relación entre la estructura de creencias y la capacidad de acción de la política pública de Sabatier destaca un núcleo profundo de normas y creencias fundamentales, las cuales requieren políticas capaces de satisfacer valores centrales que reemplacen esas creencias (Parsons, 2007:226).

diversas opciones, entre las cuales se destaca la oposición entre el enfoque sinóptico o global y el incremental o gradual. Las teorías sobre la mejora y el cambio educativo serán centrales para definir el rumbo a seguir en esta y otras cuestiones.

3) **Definir la estructura de gobierno de la educación.** El diagnóstico y la teoría de la mejora educativa tienen un correlato en la estructura de gobierno. Esto supone revisar y repensar al menos tres dimensiones esenciales para la organización interna del gobierno de la educación en las provincias: el organigrama, las agencias de gobierno y los niveles intermedios.

Evaluar el organigrama de la administración central de la educación significa analizar sus lógicas internas, su coherencia, su adaptación al diagnóstico y al plan de gobierno, además de su carrera profesional. Su relación con las modalidades de intervención y los dispositivos de política educativa (véase Capítulo 1) es directa. Por eso, el diseño de la estructura –generalmente revisado en cada inicio de una gestión de gobierno– resulta una tarea clave que define la *disposición* hacia el sistema educativo.[4]

Las agencias de gobierno son una pieza vital en la historia de la gestión pública de la educación en las provincias (véanse Aguerrondo, 1976; Rivas, 2004). Sus cambios y adaptaciones fueron variando en el tiempo y dejaron un mapa que recién en la década de 1990 terminó de marcar la concentración de poder en los ministerios de Educación por sobre la figura de los consejos de Educación. A esta definición,

---

[4] Véase una propuesta integral para la organización de los ministerios de Educación, que propone pasar de una estructura jerárquica a una modalidad de acción en red, en Aguerrondo (2002), uno de los escasos trabajos de investigación propositiva sobre la temática.

que en algunas provincias quedó a mitad de camino, se suma la posibilidad de crear o redefinir otras agencias de gobierno de la educación, una cuestión que puede resultar estratégica en el diseño de la política educativa.[5]

Los niveles intermedios de gobierno constituyen otra pieza fundamental de la organización y despliegue territorial de la gestión educativa (Gvirtz, 2008). ¿Qué rol deben tener los distritos, las regiones o las sedes de supervisión? ¿Cómo potenciar la participación local sin desgastar esfuerzos en la multiplicación de agencias estatales y sin ampliar las desigualdades territoriales? Estas preguntas están en el centro de los debates contemporáneos sobre descentralización educativa.

4) **Elaborar un plan educativo de corto, mediano y largo plazo.** Una dimensión crucial del gobierno de la educación es la del planeamiento, como una continuidad del diagnóstico y la teoría de la mejora educativa. En tiempos en los que todo cambia cada vez más aceleradamente, la mirada sobre el futuro resulta un imperativo para evitar caer en el presente continuo de la gestión. Crear o potenciar las áreas de planeamiento educativo en cada ministerio es una de las tareas centrales en esta dirección.[6]

Además de la especificidad de un área de planeamiento, es importante fortalecer las capacidades de planeamiento estratégico de toda la estructura de gobierno de la

---

[5] La creación de agencias de evaluación de la calidad autónomas del poder político es una de esas instancias que en otros países comenzó a gestarse en los años recientes. Algunos ejemplos son la Superintendencia de Educación Escolar de Chile, los Consejos de Educación creados en Uruguay (de educación primaria, secundaria, formación en educación, educación no formal, entre otros) y el Instituto Nacional de Estudos e Pesquisas Educacionais creado en Brasil.

[6] Véase el trabajo comparado de Aguerrondo, Araujo y Mejer (2009) sobre las áreas de planeamiento educativo de las 24 jurisdicciones en la Argentina.

educación. Para ello, es recomendable tener como punto de partida un Plan Educativo y encuentros semestrales o anuales de planeamiento educativo, donde participen todos los agentes públicos de la educación.

En muchas provincias, este plan ni siquiera existe o es poco conocido dentro del ministerio de Educación. Elaborar un plan educativo provincial de corto, mediano y largo plazo es una acción ineludible que toda gestión debería afrontar como una de sus máximas prioridades. Sin esta planificación, las intervenciones de política educativa corren el riesgo de ser parciales, aisladas e incluso contradictorias entre sí.

Cada inicio de gestión de gobierno es una oportunidad excelente para revisar el planeamiento educativo y adaptar o crear un Plan Educativo Provincial. A continuación se señalan algunos criterios para avanzar en esta dirección:

- **Formulación basada en consensos:** no debe tratarse de una visión personal de un ministro o de un equipo cerrado, sino que debe captar amplios consensos, más allá de la impronta específica de cada gestión de gobierno.
- **Partir de un diagnóstico:** identificar problemáticas estructurales, para no generar propuestas ajenas a las realidades profundas del sistema educativo. El plan debe ser capaz de identificar los ejes clave de la educación y priorizar definiciones políticas en esos puntos.
- **Establecer metas:** un plan sin metas es solo una manifestación de principios. Es importante aprovechar los sistemas de estadísticas disponibles para establecer metas concretas, pero también señalar las metas no contempladas por la información relevada, que deberían ser medidas a través de evaluaciones cualitativas.

- **Coherencia en las acciones:** con una clara articulación interna, generar espacios de integración entre las diversas acciones educativas y las de otros ministerios.
- **Planificar el corto, mediano y largo plazo:** un plan debe diferenciar el horizonte de corto plazo, que identifica problemas inmediatos de gestión; el de mediano plazo, que implica definiciones frente a problemas estructurales del sistema educativo a atacar en una gestión de gobierno, y el largo plazo, que incluye una coordinación con el planeamiento estructural provincial del modelo de desarrollo social y económico.
- **Equilibrio entre metas, expectativas y capacidades:** hay que evitar tanto las expectativas exageradas con metas imposibles de cumplir como las expectativas tan bajas que no alcanzan a movilizar a los actores. Se requiere un equilibrio consciente de las metas, según las capacidades disponibles, y que impulsen una mejora constante y constatable.
- **Construcción de una narrativa:** es esencial tener un claro relato educativo, capaz de inspirar y motivar a los actores hacia la mejora educativa. Si no logra una identificación activa y masiva de parte de los docentes y otros actores sociales, el plan puede ser una formalidad o un foco de conflicto, antes que una herramienta que apoye el trabajo cotidiano.
- **Atribuir responsabilidades específicas:** además de sus horizontes generales, un plan debe señalar las responsabilidades de cada uno de los actores. De lo contrario, las definiciones quedarán en el aire, sin correlato en las prácticas.
- **Establecer instancias concretas de evaluación:** instrumentar informes sobre el progreso con actores responsables de su elaboración y un presupuesto asignado para que esa responsabilidad pueda cumplirse.

5) **Liderazgo político y educativo.** El liderazgo es un componente central del gobierno de la educación. Un estudio sobre los 20 casos mundiales más exitosos de reforma educativa indica que todos tenían entre sus rasgos la existencia de un claro liderazgo político (Mourshed, Chijioke y Barber, 2012).

Es esencial que los ministros sean vistos como referentes tanto en el campo educativo como en el campo político, un perfil difícil de encontrar.[7] Esto también está relacionado con la dimensión de la autonomía política para gobernar la educación.

La independencia política siempre será relativa, dado que toda acción de gobierno requiere al mismo tiempo coordinación con otras áreas y ser parte de un programa global de gobierno. Sin embargo, de la comparación de las gestiones educativas más exitosas de las provincias argentinas resulta que la autonomía de las decisiones educativas frente a la agenda política de los gobernadores es una condición importante.

En la práctica, este punto tiene una doble consecuencia. Por un lado, funciona como un eje determinante de la posibilidad de una planificación educativa profesional, basada en el conocimiento de las necesidades del sector. Por otro, afianza la posibilidad de concebir la educación como una política de Estado, independiente de los intereses políticos de corto plazo. Pero la idea de liderazgo que aquí se promueve no es personalista, sino que el mayor desafío es construir un liderazgo distribuido.

---

[7] De los ministros a cargo de las carteras educativas provinciales entre 1993 y 2002, el 52% tenía experiencia docente, el 20% tenía una trayectoria ligada de algún modo a la educación (docencia universitaria, investigación, cargos en la Comisión de Educación, etc.), y el 29% restante carecía, al momento de asumir, de experiencia en el área (Rivas, 2004).

El liderazgo en la política educativa es encarnado, principalmente, a partir de la figura de los ministros de Educación, pero también resulta vital que exista en cada área de conducción del sistema. Para ello, una dimensión central es la capacidad de selección y reclutamiento de especialistas para cada una de las áreas políticas y técnicas de un ministerio de Educación. Es clave conocer a muchos referentes, saber de su experiencia, de sus cualidades. Cuantos más referentes educativos se conozcan, mejor será el proceso de selección, que debe estar basado en una ética de trabajo profesional, meritocrático, y en la construcción de un equipo sólido e integrado, con una identidad político-pedagógica compartida.

6) **Hacer uso activo del presupuesto educativo.** Un aspecto vinculado con la importancia de ganar autonomía política por parte de las carteras educativas es el hecho de lograr recursos suficientes y sustentables para la educación. A veces, uno de los grandes logros de una conducción educativa es conseguir una asignación presupuestaria adecuada para garantizar las políticas educativas planificadas. Sin recursos, las políticas son mera retórica o voluntarismo, como se ha destacado en las condiciones determinantes.
Más allá de las gestiones políticas necesarias para asegurar los recursos educativos, en la propia gestión educativa es clave contar con el presupuesto como una herramienta de planeamiento. El presupuesto educativo no es solo un marco general; debe ser también un instrumento que brinde solidez a las políticas y entidad a cada esfera de gobierno.
En la práctica, el presupuesto es un territorio ajeno y desconocido para la mayoría de los funcionarios educativos, quienes solicitan recursos sin tener una vara presupuestaria propia, previamente asignada. Así, las decisiones pre-

supuestarias se tornan aisladas, sueltas, intuitivas y sujetas a la buena voluntad de quienes tienen capacidad decisoria y a las limitaciones de la administración financiera.

Cada esfera de gobierno de la educación debería tener un presupuesto asignado, con distintos grados de autonomía para su uso, pero con plena conciencia de sus costos. Contar con un presupuesto es fundamental para asignar prioridades y obligarse al ejercicio del planeamiento estratégico, tanto en el plano integral de una gestión educativa como en cada área específica.

A su vez, esta asignación específica de un presupuesto por área y programa debería hacer del ejercicio de planeamiento anual de metas educativas una constante. Solo si se definen los costos de las políticas, pueden sopesarse las prioridades y asignarse recursos a aquellas acciones que se consideren fundamentales para cada contexto específico.

7) **Eficiencia con criterios de justicia distributiva.** La consigna de la eficiencia en el uso y la asignación de los recursos educativos está directamente ligada con el punto anterior. Una tarea cotidiana de los ministerios es ordenar la gestión de los recursos, evitar que las decisiones aisladas o las presiones individuales desperdiguen los siempre limitados fondos educativos.

La transparencia presupuestaria, la modernización administrativa y los estudios permanentes de costos comparativos de las opciones de política constituyen herramientas vitales para el eficiente uso de los recursos. Pero el criterio de la eficiencia debe estar directamente vinculado con el destino de los recursos, no puede ser diseñado o aplicado en abstracto. La política educativa distribuye recursos en pequeña o gran escala constantemente. Sin un criterio claro de distribución, la eficiencia puede ser conseguida al costo de no lograr mayores niveles de justicia.

Como se desprende de las opciones de política 7 y 87, es posible transformar los sistemas de gestión para garantizar patrones más estables, objetivos y transparentes de distribución equitativa de los recursos. Una discusión sobre los criterios distributivos (véase el Capítulo 3) resulta un imperativo de toda gestión de gobierno en contextos de amplias desigualdades sociales y disparidades territoriales.

8) **Carrera profesional y formación permanente.** Una de las grandes amenazas de todo proceso político es su continuidad y su consistencia profesional. Los distintos tiempos de la administración pública constituyen una variable paradójica y contradictoria: mientras los que tienen mayor poder (ministros y funcionarios políticos) duran poco, los que tienen menos capacidad de decisión son los que continúan prolongadamente en la función pública. Un buen gobierno de la educación debería proponer mecanismos concretos para achicar esta brecha.

Generar capacidades profesionales de gestión en todas las áreas resulta una forma de acrecentar el poder político de los agentes técnicos, con competencias específicas para la función pública, una carrera profesional e instancias de formación y acreditación dentro de la gestión. Un aspecto central de este eje es la incorporación creciente de criterios de selección de personal basados en carreras profesionales. Cuanto más dependa cada cargo de la formación previa, evaluada a través de concursos públicos, mayor será la independencia política del cuerpo profesional de la administración central.

El camino hacia la profesionalización conlleva invertir recursos en formar a los actuales y futuros agentes de la administración central, ya que sus prácticas requieren saberes específicos.[8] Un buen maestro o un buen gerente no equivalen a un buen planificador de la educación. Es necesario fortalecer el rol de los agentes técnicos y funcionarios con carreras de formación y capacitación permanente.

9) **Dinamismo, adaptabilidad y resolución de conflictos.** El contrapunto necesario frente a la estabilidad recomendada es lograr una capacidad de adaptación, flexibilidad y dinamismo para enfrentar la incertidumbre de toda gestión pública. Los funcionarios políticos están más acostumbrados a la imprevisibilidad de los hechos y a los constantes focos de conflicto inherentes a la responsabilidad pública. Pero esa costumbre no necesariamente significa que se logre un proceso de aprendizaje, capaz de lidiar con mejores herramientas y condiciones con los problemas que se presentan en cada área de la gestión.
Un buen gobierno de la educación aprende de la experiencia y logra combinar la estabilidad de la planificación con la respuesta inmediata y eficiente frente a las urgencias. Para ello, es importante tener una estructura de gestión con claras responsabilidades y dinámicas: canales de negociación y diálogo permanente; agentes expertos en la resolución de conflictos; una burocracia dinámica que no trabe las respuestas frente a situaciones de emergencia, y un equipo más afectado al planeamiento estratégico que no vea comprometidas sus funciones ante cada problema particular.
Cuando una gestión advierte que la gran mayoría de su tiempo se dedica a resolver conflictos, debe replantearse su estructura de gobierno, no claudicar ante la aparien-

---

[8] Un ejemplo de las ofertas disponibles de capacitación es el Curso Regional sobre Formulación y Planificación de Políticas Educativas, del IIPE-UNESCO, sede Buenos Aires.

cia de lo inevitable. Esto requiere poner ciertos paréntesis frente a las demandas individuales, establecer prioridades y presentar políticas específicas de reordenamiento interno.

10) **Coordinación interna y con otras agencias de gobierno.** En muchas provincias no existen reuniones internas, los actores no saben cuáles son las prioridades y acciones de otras áreas, y las escuelas no comprenden la coherencia de las distintas líneas de intervención, entre otras dinámicas que afectan la capacidad estatal de implementar políticas educativas.

Para revertir esta situación es esencial diseñar espacios de diálogo e intercambio formales e institucionalizados. Cada área debería estar al tanto de lo que hacen las demás mediante puntos de interrelación y enlace entre sus acciones. Para ello, es necesario institucionalizar ámbitos de intercambio y herramientas novedosas de comunicación.[9]

En la coordinación vertical, resulta vital crear espacios concretos de integración de las políticas educativas con los organismos intermedios de gobierno de la educación (ámbitos regionales, unidades locales, cuerpos de supervisión y otros agentes del Estado que median entre los ministerios y las escuelas). Por eso, deberían existir espacios institucionalizados de intercambio, a través de un encuentro anual o bianual, talleres, capacitaciones y publicaciones específicas de intercambio interno.

11) **Comunicación fluida con el sistema educativo e instancias participativas.** La política educativa no tiene sustrato

---

[9] Todos los agentes de un ministerio deberían recibir un boletín semanal de novedades, además de una correcta actualización normativa y una difusión con capacitación de la información estadística disponible sobre el sistema educativo.

sin una base institucionalizada de diálogo con el sistema educativo. Este es un requisito para cualquier política pública, pero en particular para la educación, dado que se trata de un sector extremadamente desconcentrado en sus prácticas: lo que cada alumno aprende depende en alta medida de su docente y de su escuela. Es necesario desarrollar una narrativa de la política educativa, un relato que genere comunidad con la docencia.

No puede descuidarse la dimensión simbólica y cultural de la política educativa, ni centrar el peso solo en las cuestiones legales, administrativas o presupuestarias. El diálogo y la comunicación entre agentes del sistema educativo y la administración central debe ser un punto prioritario de mejora del gobierno de la educación.

Parte de este trabajo incluye fortalecer el rol de los agentes e instancias intermedias del gobierno de la educación. Los supervisores o inspectores, sobre todo, deberían tender a convertirse en copartícipes de la política educativa, con lineamientos claros de trabajo compartido y capacitación específica.

Uno de los ejes centrales del trabajo de un ministerio de Educación es construir una voz que llegue al sistema. Para ello, pueden aprovecharse las nuevas tecnologías, que permiten sistematizar la comunicación a través de un portal (Opción 79), una revista (Opción 41), o un boletín enviado a todos los mails de la comunidad docente (Opción 85).

Pero también es necesario escuchar al sistema, potenciando las instancias de comunicación de doble vía, no solo de "bajada de las políticas" sino también de recepción de propuestas, demandas y sugerencias por parte de los actores del sistema. Ahora es posible conocer en detalle las visiones de docentes, e incluso alumnos y familias, con un modelo de analítica del sistema educativo, que responda a necesidades y demandas según contextos específicos (Opción 86).

12) **Legitimidad y comunicación externa.** Una cuestión transversal que afecta en particular a la viabilidad de la implementación de políticas es el nivel de legitimidad del gobierno de la educación. La primacía de la desconfianza ante la clase política vuelve cada vez más relevante esta condición.

La dimensión de la participación social en distintas instancias de gobierno se torna central. Los ámbitos de discusión con distintos grupos de actores educativos fomentan un gobierno democrático de la educación. En un adecuado equilibrio, que evite una participación caótica, corporativa o mal administrada, los procesos participativos son, además de un valor democrático en sí mismo, una fuente de viabilidad política.

Un ejemplo de este difícil equilibrio es la generación de instancias institucionalizadas de encuentros con los directores y docentes de las escuelas, donde las autoridades dialoguen, comuniquen las prioridades y escuchen las demandas. Esto es difícil de hallar en las provincias, donde estos encuentros suelen realizarse sin periodicidad ni clara continuidad.

13) **Alimentar un *ethos* de la responsabilidad pública.** Una dimensión muchas veces marginada en el trajín de la gestión es la referida a generar un clima de compromiso con la función pública. La matriz de dependencia y lealtad con ciertos poderes y fuerzas políticos o la dependencia extrema de normas y posiciones fijas en el aparato estatal son amenazas constantes del espíritu que debería guiar la responsabilidad pública del Estado.

Los líderes políticos son los primeros que deberían dar el ejemplo en este eje, anteponiendo las necesidades públicas a sus propias lógicas de construcción de poder. A su vez, desde cada posición o área del Estado es posible y necesario defender el ideal y el compromiso de la tarea pública, el costado vocacional de una empresa profesional basada en la intervención del Estado como garante de los derechos sociales.

Alimentar un *ethos* de la responsabilidad pública debería ser parte de la agenda de gobierno, cuidar que los propios agentes de la administración central tengan condiciones laborales y salariales dignas, y que sean capaces de identificarse subjetivamente con su tarea. Esto implica velar por un ambiente de trabajo calificado, con reconocimiento de los logros y esfuerzos desarrollados, con instancias de intercambio y formación, con acceso a herramientas fundamentales (la conectividad a Internet y la computadora personal deberían ser un piso básico, no logrado aún en muchos ministerios) y equipos completos de trabajo para asumir la complejidad de las tareas a su cargo.

14) **Evaluación y documentación de la política educativa.** El punto final de esta serie de claves para el buen gobierno de la educación se vincula con la importancia de los procesos de monitoreo y seguimiento de las propias intervenciones de política educativa. En general, las constantes urgencias en la gestión de gobierno dejan escaso margen para evaluar las propias acciones. La acumulación de esta lógica lleva inevitablemente a repetir errores, desconocer los efectos de las políticas educativas y trabar las posibilidades de mejora sostenida.

Una instancia recomendable para que sea fomentada en las administraciones provinciales de la educación es realizar jornadas semestrales o anuales de autoevaluación, en las cuales todos los equipos del ministerio puedan tomar distancia crítica para analizar la propia dinámica del gobierno de la educación.

En general, en la gestión pública argentina existe escasa experiencia y respeto por la evaluación de políticas públicas. Sin embargo, se trata de una cuestión central para obtener precisiones sobre el impacto de las grandes acciones de gobierno. Incluso, debería existir en cada ministerio de Educación un área específica de evaluación de las políticas que utilizara distintas metodologías y produjera informes públicos constantes sobre los resultados de las acciones en marcha.

Es clave documentar las políticas, las modalidades de intervención y los problemas encontrados, entre otros aprendizajes de la gestión educativa. Este proceso redunda en una mejor continuidad de las acciones estatales en cada cambio de gobierno, al legar los aprendizajes que ayuden a las autoridades entrantes a continuar las acciones en curso o como lecciones invalorables para otras provincias.

La capacidad de reflexión sobre la práctica retroalimenta todas las demás esferas de gobierno enmarcadas en las claves que hasta aquí se señalaron. La responsabilidad de la gestión pública de la educación requiere dedicar tiempo no solo a la acción y a la respuesta inmediata a las demandas y urgencias, sino al análisis crítico sobre las prácticas para la conducción estratégica del sistema educativo.

CAPÍTULO 3

HACER POLÍTICA EDUCATIVA

Introducción

Las condiciones del gobierno de la educación son la compuerta de la política educativa. Pero dar el paso hacia la toma de decisiones concretas requiere, además de potenciar esas condiciones, explicitar criterios. La política educativa define relaciones entre sujetos, prioridades, remuneraciones y metas mientras administra un sistema inmenso de necesidades y urgencias. Los criterios deben permitir que esa gran madeja de las acciones de gobierno sea consciente y coherente –en toda la medida de lo posible–. Con ese objetivo se presenta este capítulo.

Una herramienta para definir los criterios de acción es la clasificación de distintas opciones de intervención de la política educativa. A través de tipologías simples pero sugestivas, se busca propiciar una discusión sobre el ejercicio del planeamiento educativo.

La catalogación que se presenta está especialmente dirigida a los tomadores de decisiones. No solo se trata de un modelo para analizar el proceso de las políticas educativas sino que se busca ponerlas en acción sobre la base de una reflexión constante acerca de la práctica.

Las políticas educativas dependen en alta medida de sus contextos específicos, por ello no es recomendable tomar a las que aquí se formulan como clasificaciones cerradas. En cambio, estas indicaciones funcionan como advertencias, señales y opciones a contrastar con los propios caminos iniciados en cada gestión de gobierno.

Formatos de las intervenciones de política educativa

Un primer paso es clasificar las propias intervenciones del Estado en materia educativa. Los formatos de intervención permiten subdividir arenas específicas del trabajo de las agencias de gobierno de la educación. Por un lado, están las acciones corrientes y los dispositivos de política educativa, anclados en la labor continua, estructural, constante del aparato estatal. Por otra parte, están las decisiones específicas, las políticas y las reformas educativas que tienen mayor dependencia de los actores políticos y gobiernos de turno. Las siguientes definiciones se proponen para facilitar la disección del análisis práctico de la política educativa.

a) **Acciones corrientes.** Abarcan el conjunto de intervenciones de mantenimiento del sistema educativo. Se trata de tareas sumamente estructuradas, formadas por la lógica continua del sistema educativo, que se repiten con escasos cambios en cada ciclo escolar. Por ejemplo, el pago de salarios, los controles administrativos, registros de ausentismo, nombramiento de suplencias y pago a proveedores, entre otros. Se trata de las actividades que permiten cumplir la amplia gama de normativas que recubren el sistema educativo.

b) **Dispositivos de política educativa.** Los dispositivos constituyen conglomerados institucionalizados de la política educativa que atraviesan como un campo de influencias las prácticas pedagógicas. Se trata de grandes esferas de intervención del Estado que reconocen una historia par-

ticular, altamente estructurada y diferenciada de otras acciones. Por lo general, los dispositivos exceden a las gestiones de gobierno, y modificarlos requiere poder político y mucho saber o experiencia "de sistema".
Los siete dispositivos centrales de política educativa que reconoce la tradición del sistema educativo argentino son (véase Capítulo 1): el currículum, la legislación, la supervisión, la formación docente, la capacitación docente, los materiales (compra, distribución, regulación, especialmente de los libros de texto), y la evaluación y promoción de los alumnos.

c) **Decisiones específicas.** A diferencia de las acciones corrientes, las decisiones específicas demandan una participación más activa de los responsables políticos de la gestión pública. Se trata de definiciones que requieren baja complejidad para su ejecución y que, en general, funcionan dentro de las poleas corrientes del sistema estatal. Pueden ser pensadas como actualizaciones de las acciones corrientes, pero tienen un rasgo distributivo que exceptúa recursos y los dirigen hacia puntos concretos del sistema o del territorio.

Algunos ejemplos: la creación de una escuela o de uno o más cargos docentes en contextos puntuales; la apertura o cierre de secciones; la creación de cursos de capacitación específicos o el equipamiento de ciertas escuelas. Se trata, en definitiva, de intervenciones que se manejan dentro del marco discrecional del poder político y del presupuesto público, sin alterar su estructura.

d) **Políticas educativas.** Las políticas educativas[1] constituyen recortes de sentido dentro de una gestión de gobierno y

---

[1] Esta definición cabe a todas las políticas públicas, el recorte de este capítulo se centra en las políticas educativas como un subconjunto sectorial.

adquieren un piso de institucionalidad que las diferencia de las acciones corrientes y de las decisiones específicas, aunque no tienen el automatismo continuo de los dispositivos. Por lo general, tienen una esfera de autonomía definida por la creación de un área o equipo dentro del Estado o por el nombramiento de personal específico para su formulación e implementación; un presupuesto asignado; una serie de metas y un cronograma de acciones que muchas veces están expresadas en una normativa específica[2].

Además de estos rasgos, las políticas educativas deben poder reconocerse. Es decir que existe una esfera simbólica, comunicacional, que permite distinguir una política de otras acciones de gobierno, con un relato que le asigna desde un nombre hasta insignias concretas (normativas, documentos, una página web, publicidades, etc.). Sin esta dimensión simbólica, es imposible realizar ese recorte específico que implica la definición de una política, con un principio de legitimidad autónomo para expresarse en el campo social.

e) **Reformas educativas.** Las políticas educativas pueden dividirse en dos grupos: las que se proponen fortalecer el sistema educativo o las que buscan modificarlo. Las reformas constituyen el subconjunto específico de las políticas educativas caracterizadas por su intención de transformar aspectos sustantivos del sistema educativo. Una clásica definición así lo indica: "Las reformas educativas

---

[2] Una definición más formal de las políticas educativas como acciones investidas de poder público sobre el sector educativo puede hallarse en el trabajo de Pedró y Puig (1998), que lista cinco componentes de una política educativa: 1) contenido, 2) programa (una secuencia temporal), 3) una orientación normativa, 4) un factor de coerción y 5) una competencia social.

siempre contienen un proceso político con consecuencias en la redistribución de poder y recursos. Una reforma educativa es un cambio profundo en la estructura del sistema educativo de un país" (Fagerling y Saha, 1983).
Las reformas recubrieron buena parte del lenguaje de la política educativa en las últimas dos décadas. Muchos analistas utilizaron el concepto de reforma educativa como sinónimo de política educativa, asimilando la necesidad de un cambio radical en el sistema educativo. Como contracara, otros analistas adoptaron una resistencia al concepto de reforma, que parece ser parte de un lenguaje prohibido en sectores de defensa de la educación pública. El uso del término aquí propuesto intenta escapar a ambos extremos.

Cabe resaltar que, en muchos casos, las políticas y reformas afectan los dispositivos, fortaleciéndolos o intentando transformarlos. Así, las políticas o reformas que son parte de una gestión de gobierno se imbrican con las dinámicas corrientes del sistema, con las herencias pedagógico-institucionales de los dispositivos.

Incluso ciertas reformas ambiciosas pueden crear un dispositivo nuevo. Así ocurrió en algunos países, que desarrollaron un dispositivo de evaluación docente capaz de instalarse como un nuevo regulador de las prácticas educativas (el caso de Chile) o un sistema de evaluación de la calidad con resultados públicos por escuela (el caso IDEB de Brasil).

Si las políticas pueden modificar los dispositivos, cabe resaltar que todos los formatos (acciones corrientes, dispositivos, decisiones específicas, políticas y reformas) conviven y se mezclan. Sus fronteras son lábiles y solo deben ser identificadas para favorecer la reflexión práctica, en lugar de tornarse artificiales y forzadas.

Un plan de gobierno que busque potenciar la capacidad de generar justicia educativa y aprendizajes más significativos requiere combinar adecuadamente los formatos de intervención de la política educativa. No ocupar todo su tiempo en acciones corrientes y decisiones específicas, que fragmentan su potencial. Por eso los dispositivos y las políticas son fundamentales para la mejora profunda de la educación.

La formulación de la política educativa

La política educativa –definida como el conjunto de las intervenciones de una gestión de gobierno con los distintos formatos presentados en el apartado anterior– y las políticas educativas –como un formato específico de intervención, individualizable– constituyen un proceso que puede ser diseccionado para el análisis y la acción. En los siguientes apartados se proponen distintas tipologías basadas en el estudio del proceso o el ciclo de las políticas públicas.[3]

Las etapas pueden ser clasificadas de distintas formas. En Michael Fullan (2008), uno de los referentes internacionales del análisis de las políticas educativas, las tres etapas se denominan "triple I": iniciación, implementación e institucionalización. En otra perspectiva, vinculada con el análisis de los textos de la política educativa, Stephen Ball (2002) propone tres contextos o arenas de conflicto y negociación de las políticas educativas: el contexto de influencia, el de producción del texto político y el práctico o de los efectos.

Estas etapas forman un sistema que no puede ser comprendido si se aíslan sus partes. Cada política tiene su propio ciclo,

---

[3] Para ampliar la perspectiva sobre el análisis del ciclo de las políticas públicas, puede verse el texto clásico de Aguilar Villanueva (1993) o los desarrollos de Meny y Thoenig (1992) y Tamayo Sáez (1997), entre otros. Para el contexto específico de la política educativa, puede consultarse el texto de Pedró y Puig (1998), con una visión más lineal del ciclo político, o una versión más heterodoxa en Ball (2002).

sin una lógica predefinida. Las etapas son solo una forma de ordenamiento conceptual, no necesariamente ocurren en una secuencia lógica (Aguilar Villanueva, 1993). Por eso, las herramientas que se proponen en este apartado son una guía para ajustar en cada contexto.

La primera etapa de formulación de las políticas está centrada en gran medida en el tejido de fuerzas que conforman la agenda de la política educativa. Se trata de una etapa basada en *cuestiones* que son construidas por intereses en pugna (Oszlak y O'Donnell, 1982), donde influyen los medios de comunicación, los actores más poderosos y la toma de postura de los gobiernos.

La agenda política no se puede controlar enteramente desde la cabeza del Estado, pero los agentes de gobierno pueden marcar o alterar su rumbo, de acuerdo con su legitimidad y poder. Una primera forma de diferenciar las agendas de política educativa está relacionada, justamente, con las restricciones del contexto y con las capacidades de acción de las agencias de gobierno de la educación. Esta clasificación puede definirse como la puerta de entrada global a tres modelos de agenda de política educativa: reactiva, estable y proactiva.[4]

Modelos de agenda de política educativa

a) **Agenda reactiva:** se observa cuando las autoridades educativas no hacen más que responder a demandas, grupos de presión y urgencias inmediatas. Predomina tanto en los modelos de mercado, donde el Estado pasa a un segundo plano y responde a la demanda de las familias /

---

[4] Se retoma en parte la clasificación de estilos de políticas públicas para distintos países que realiza Richardson (1982), donde separa los estilos anticipatorios (agenda proactiva) y reaccionarios (agenda reactiva).

clientes, como en los contextos de anomia estatal, donde reina la inestabilidad, el *lobby* individualizado y la respuesta a corto plazo de la política educativa. Se trata de una agenda dominada por las restricciones, con escasa autonomía del poder estatal, falta de capacidades en los agentes públicos o ausencia de liderazgo político-educativo. Su correlato es la fragmentación de las acciones de política educativa, con decisiones aisladas como formato prioritario de intervención y lógicas de negociación individualizadas, en las cuales los actores más poderosos tienden a imponer sus intereses.

b) **Agenda estable:** se define a partir de un control administrativo del sistema educativo que garantiza una baja conflictividad y un orden relativo que les otorga continuidad a las prácticas vigentes. Puede tomar dos formas: de "subsistencia", en contextos de presión fiscal, con el logro de sostener el pago de salarios y el funcionamiento global del sistema; e "incrementalista", en contextos de crecimiento económico, volcando la política educativa hacia el aumento de la provisión de escuelas, cargos, salarios u horas de clase. Se corresponde con un predominio de las acciones corrientes o de mantenimiento del sistema educativo.

c) **Agenda proactiva:** se constituye a partir de un rol dinámico del Estado en materia de planeamiento educativo, basado en algunas o todas las condiciones enumeradas en el capítulo anterior. Puede tener diversas orientaciones, desde una agenda de fortalecimiento del sistema con políticas educativas específicas hasta una de cambio a través de reformas estructurales.

La distinción entre agendas estables y proactivas se liga de forma indirecta con otra división que cobra cada vez mayor relevancia en la política educativa: los modelos de agenda por oferta o por resultados. Las agendas "por oferta"[5] se basan en las acciones a impulsar (ya sean políticas, reformas o mantenimiento de las acciones corrientes). Por lo general, estas agendas se sustentan en la estructura de la administración pública o en el organigrama como determinantes de las políticas. En cambio, las agendas "por resultados" se organizan con metas concretas a lograr,[6] frente a las cuales las acciones, políticas o reformas son meros medios.

La clasificación de modelos de agenda de la política educativa puede ser matizada a partir de su evolución en el tiempo y en relación con el contexto político y económico. Así, en contextos políticos y económicos favorables, la *agenda estable* puede convertirse en una defensa del *statu quo* del sistema educativo, y una *agenda reactiva* puede ser altamente inestable ante un contexto cambiante e incierto.

En las agendas proactivas se diferencian dos modelos: el de "ingeniería gradual"[7] o el que plantea políticas globales, que se convierten en un parte aguas del sistema educativo. La diferencia entre los modelos de agenda proactiva de la política educativa se centra en dos polos opuestos: el **modelo sinóptico** o de "reforma global" y el **modelo incremental**.

---

[5] Las agendas por oferta o resultados no deben confundirse con las políticas por oferta y demanda, se trata de dos clasificaciones distintas, la referida a la agenda señala el origen de la formulación de las políticas.

[6] Uno de los fundadores de la visión de la política pública orientada hacia los resultados es Peter Drucker (1964), con ideas que provienen de la administración empresaria. Su propuesta de "administración pública por objetivos" se convirtió en el puntal de lanzamiento de una nueva visión gerencial del sector público que tiene amplia influencia a nivel internacional. Más allá de esta cosmovisión, la orientación de las políticas por resultados tiene variadas corrientes y adherentes.

[7] El modelo de ingeniería gradual fue propuesto originalmente por Karl Popper, y su regla indica que el consenso es menor cuando más exhaustiva es la política; por lo tanto, es conveniente avanzar de a pequeños pasos, aprendiendo de los errores pequeños.

Esta oposición tiene una amplia historia en el estudio de la política pública. Lindblom (1979:81) es el padre fundador del análisis de dos modelos de toma de decisiones: el exhaustivo racional –sinóptico–, que parte de la teoría y analiza todos los factores para proponer políticas integrales, y el de comparación sucesiva –incremental–, que busca ajustes constantes con las restricciones reales, hace prueba y error, es inductivo.

El autor opta por un análisis estratégico, como una síntesis entre ambos extremos (Lindblom, 1979). Este enfoque se asemeja al enfoque de "escaneo mixto" de Etzioni (1967), que busca escapar de los extremos al combinar tanto la visión global del planeamiento como el realismo territorial y puntual del enfoque incremental.

Los cambios en las concepciones históricas del planeamiento de la política pública estuvieron atravesados por la ola de planificación basada en la programación integral y racional con base en el presupuesto. En los años 60, en plena etapa del Estado de Bienestar, donde su capacidad de intervención parecía ilimitada, la perspectiva de la planificación rompía con el enfoque de acciones individuales (Parsons, 2007:430). La planificación integral se asocia con el desarrollismo en América Latina y con el objetivo de regular la masificación del sistema educativa desde un rol activo del Estado.[8]

Desde mediados de los 70, la etapa de oro del Estado planificador y regulador atravesó un proceso de declive y transformación a nivel mundial. En muchos países, las políticas educativas tendieron a conceder más espacio a las esferas mercantil, comunitaria o familiar, al recortar los ámbitos de intervención estatal

---

[8] Véase el trabajo de Aguerrondo (1994) sobre la evolución histórica del planeamiento educativo en América Latina. Con respecto al desarrollo de las corrientes de abordaje de la política educativa en la Argentina, puede consultarse el estudio de Paviglianiti (1996).

y, por lo tanto, de planificación y formulación de la agenda de la política educativa. En los 90, buena parte de esas transformaciones se tradujeron en la consolidación de una intervención estatal menos orgánica, basada en programas, que significó en cierto sentido el retorno de una nueva versión del enfoque incremental.

En el campo internacional de la política educativa, este breve relato histórico desemboca en discusiones en tiempo presente. Luego de una amplia experiencia de análisis de reformas educativas, varios autores comenzaron a impulsar vigorosamente un enfoque de "reforma sistémica" (Fullan, 2010) que retoma un modelo de planeamiento sinóptico y global.[9] Esta parece ser una salida frente a las propuestas de una versión reducida del Estado que no hace más que evaluar los resultados, o frente a las agendas inductivas que "dispararon" varias reformas para probar sus efectos aislados en las evaluaciones de impacto.

En el planeamiento educativo, la discusión sobre los modelos sinópticos o incrementales cobra nuevos desarrollos a la luz de estos planteos.[10] Cada vez está más claro que las definiciones acerca de estos modelos se vinculan estrechamente con los contenidos de las políticas o reformas que se postulen. La aceleración de los cambios tecnológicos y la idea de un sistema educativo cada día más lejano del mundo real o con pobres resultados se

---

[9] Fullan (2010) señala la visión de un enfoque de reforma sistémica *(Whole System Reform)* como respuesta a los intentos parciales que suponen la idea de cambio educativo fraccionado. Su perspectiva ha cobrado un auge reciente a partir de una renovada bibliografía sobre el cambio sistémico a nivel de un país o Estado.

[10] Algunos autores diferencian las políticas que buscan cambios de primer orden, centrados en aumentar la eficiencia y eficacia del cumplimiento de los objetivos vigentes, y los cambios de segundo orden, que redefinen los propios objetivos educativos, las estructuras y los roles de los agentes (Cuban, 1988:342). En Navarro (2006) se observa una distinción semejante aplicada al contexto específico de América Latina.

enlazan con una concepción de cambio paradigmático, propia del enfoque de "reforma sistémica" o de "revolución educativa".

La agenda frente a los demás

Las nociones de estabilidad, gradualidad o transformación en las agendas de política no solo tienen un fundamento en la visión del sistema educativo, sino que están estrechamente alineadas con posiciones políticas. Si se toma como referencia el caso argentino, esto significa considerar el peso del federalismo educativo vigente, donde las provincias tienen una amplia gama de atribuciones sobre el gobierno de la educación.

En ese contexto, existen tensiones constantes entre la nación y las provincias que varían según la conducción política, las necesidades de financiamiento y las capacidades instaladas en cada contexto jurisdiccional. Por eso, una clasificación decisiva sobre la formulación de la agenda de políticas educativas en las provincias se refiere a su relación con el gobierno nacional (véanse Rivas, 2004; Senen González, 2000).

Modelos de relación entre la agenda provincial y la agenda nacional de políticas educativas

a) **Autónoma e independiente:** representa a aquellos gobiernos provinciales que definen su propia agenda de política educativa con amplia independencia de las pautas nacionales, tanto por la tradición propia de su sistema educativo como por la impronta específica de la gestión de gobierno.

b) **Autónoma y en conflicto:** las jurisdicciones que entran en contradicción con la agenda nacional representan una derivación del modelo anterior.

c) **Concertadas en instancias comunes:** en estos casos, buena parte de la agenda provincial se transforma en un programa federal de gobierno, acordado en instancias compartidas como el Consejo Federal de Educación, que reúne a todos los ministros provinciales.

d) **Dependientes o digitadas desde la nación:** aquí se denota un protagonismo mayor del gobierno nacional, que es acompañado por las provincias como actores secundarios. Este modelo se observa en contextos de fortaleza política, fiscal y técnica de la nación con contrapartes provinciales en la situación opuesta en alguna o en todas esas dimensiones.

e) **Complementadas y fortalecidas desde la nación:** en estos casos se trata de acciones de transferencia de capacidades del centro a los territorios. En este escenario, la nación ofrece apoyo y fortalece las capacidades autónomas de planeamiento de las provincias, para no generar lazos de dependencia.

La formulación de las agendas de política educativa está condicionada por muchos actores. Incluso en contextos de fuerte verticalismo, no se trata de una decisión unificada que parte de un ministro o de un núcleo político unidimensional. Así como las agendas pueden clasificarse según su relación con el gobierno nacional, la relación con la herencia del pasado quizás sea incluso más importante.

El sistema educativo es un área de política pública especialmente anclada en la continuidad en el tiempo, dado su carácter cíclico y repetitivo, compulsivo y basado en una alta carga de gasto corriente (los salarios docentes). En la práctica, esto implica que una inmensa proporción de la agenda de política educativa viene marcada por el mantenimiento del sistema.

Además de estas herencias, cada nuevo gobernante tiene que lidiar con el pasado inmediato de la gestión pública y con las políticas iniciadas por los mandatos anteriores. Como indican varios autores, las políticas y los compromisos presupuestarios ya asumidos limitan y encausan buena parte de la agenda de política pública (Parsons, 2007:260). Esto permite establecer una clasificación referida a la relación de un nuevo mandato político frente a sus antecesores en la conformación de una agenda de política educativa.

Modelos de continuidad de la agenda de política educativa frente a gestiones políticas previas

a) **Continuidad proactiva:** se trata de los casos en los que hay una reelección o una fuerte continuidad política del partido gobernante, que incluye la permanencia de los equipos de gobierno de la educación. Esta continuidad puede definirse como una agenda proactiva en el sentido de que tiende a defender los avances o logros de la gestión previa, y a apoyarse en ellos para definir su propia agenda.

b) **Continuidad formal:** aparece cuando predominan las agendas reactivas o estables, con bajas capacidades de incidencia por parte de los actores de gobierno. En estos casos, un recambio o una continuidad política no exhiben mayores modificaciones en la agenda de política educativa, dado que se mantiene una dinámica de acciones corrientes y constantes.

c) **Reescritura:** se define por una agenda proactiva en un contexto de cambio de gestión política –ya sea a nivel del gobierno o propiamente educativa–. Supone redefinir objetivos y prioridades, con una nueva autoría de la política educativa que construya, a su vez, una narrativa de recambio. Esta reescritura puede transformarse en políticas concretas o puede tratarse de un estilo comunicacional que se define a partir de un cambio de lenguaje y de la dimensión simbólica de las políticas.

d) **Ruptura:** es el caso de los nuevos gobiernos que se posicionan totalmente en contra de la gestión anterior. Esto suele manifestarse con la anulación de leyes, políticas o reformas en marcha y, por lo general, viene acompañado de un discurso activo que restablece una estructura anterior o inaugura una nueva estructura opuesta a la vigente.

Los modelos de agenda educativa dependen de las relaciones de fuerzas entre actores que buscan imponer cuestiones que afectan a sus intereses. La definición de la agenda revela una estructura de poder, el estado de salud o enfermedad de la vida pública (Aguilar Villanueva, 2003:27). La buena salud de la política pública se logra al definir un diagnóstico basado en problemas reales, estructurales, y al acudir con respuestas del mismo tenor, sin miedo a continuar o cambiar agendas pasadas, o al castigo del corto plazo de los intereses de turno.

La implementación de las políticas educativas

La etapa de la implementación de la política educativa es la más compleja, dado que implica el encuentro con las prácticas vigentes. Se trata de una fase de *ensamblaje* entre actores diversos, con intereses y herencias contrapuestos (Bardach, 1980). La implementación es un momento crítico que pone a prueba la fortaleza, coherencia y legitimidad del Estado en un contexto social determinado. De allí que muchas políticas no lleguen siquiera a plasmarse en esta etapa y queden, meramente, en la formulación o en las promesas indefinidas de metas a cumplir, sin compromisos concretos de recursos y responsabilidades.

Si en la etapa de la formación de la agenda participan sobre todo los actores políticos y en la formulación de las políticas hay mayor involucramiento de los actores técnicos y especialistas, durante la implementación se activan las funciones de los niveles intermedios de la gestión estatal. Lo que Lipsky (1983) definió originalmente como la burocracia al nivel de la calle, tiene un significado particular en el terreno educativo, donde la figura de los supervisores aparece como el nexo con más trayectoria histórica para cumplir la función de bisagra entre el Estado y las escuelas.

En esta etapa se ponen en juego al menos tres dimensiones centrales de las políticas educativas: duración, dimensión y velocidad de la implementación. Muchas veces, las decisiones sobre estas dimensiones en la agenda de políticas son imprecisas, cambiantes, implícitas o contradictorias. La reflexión acerca de estas clasificaciones constituye un elemento organizador del planeamiento estratégico, tanto para el diseño de las políticas como para la fase de implementación.

Hacer consciente el mapa de políticas educativas de una gestión en relación con la duración, dimensión y velocidad de la implementación es una forma concreta de análisis práctico del costo de las políticas y de los supuestos que conllevan. Determinar en qué plazos, con qué ritmo y en qué escalas se aplicarán las políticas permite establecer prioridades y define qué modelo de mejora o cambio de la educación se intenta llevar a la práctica.

La duración de las intervenciones

a) **Acotada:** existen intervenciones de política educativa que tienen una duración predeterminada. Este es el caso preponderante de los denominados "programas", muchos de ellos basados en préstamos internacionales o en intervenciones nacionales con una duración definida por las propias características del financiamiento. Estas intervenciones son inversiones de capital (que se realizan en un período cerrado de tiempo, como lo es una intervención para equipar a las escuelas) o tienen un carácter innovador, ya que apelan a generar rupturas con las funciones corrientes del sistema educativo.

b) **Continua:** por las características constantes y cíclicas del funcionamiento de los sistemas educativos, muchas intervenciones de política educativa son continuas en el tiempo y no se plantean una fecha de vencimiento. En la práctica, esto puede invisibilizar las políticas educativas, que se tornan artificialmente naturales, como parte de un entramado inevitable.

c) **Indeterminada:** en muchos casos, las intervenciones de política educativa no prescriben su duración, que queda indeterminada tanto para quienes la implementan en la administración central como en las instituciones educativas. Esto genera una incertidumbre que puede depender de una ausencia de planeamiento en la formulación de las políticas.

Dimensión de las intervenciones

a) **Proyectos piloto a escala:** muchas políticas educativas se inician o nunca salen de una fase piloto que afecta a un pequeño grupo de actores o instituciones. Los proyectos piloto son típicos modelos para la experimentación de innovaciones que solo pueden ser analizadas una vez que fueron puestas en práctica. En estos casos, es central tomar una muestra de actores o instituciones que representen el universo en el cual se espera implementar la política de forma más masiva. En muchos casos, las políticas son piloto por una limitación de costos y tienden a generar impactos débiles en el sistema educativo, dado lo reducido de su escala.

b) **Intervenciones aleatorias, "sueltas":** a veces, la política educativa interviene sin una dimensión previamente establecida. En estos casos predomina un modelo de planeamiento casuístico y fragmentario, donde las decisiones se toman sobre la marcha, con amplia discrecionalidad y discontinuidad. Esto se combina con un modelo de agenda reactivo, cuyo formato de política educativa se basa en decisiones específicas, lo que puede generar injusticias y bajo impacto sistémico.

c) **Intervenciones secuenciadas de expansión:** normalmente, las políticas educativas más costosas o complejas no pueden ser implementadas de forma masiva, por eso requieren un abordaje gradual. Aquí se ponen en juego dos factores centrales del gobierno de la educación: la capacidad para establecer prioridades con criterios de justicia distributiva y transparencia, y la consistencia del planeamiento a lo largo del tiempo para completar el ciclo de expansión de las políticas.

d) **Intervenciones masivas:** requieren una gran capacidad de coordinación centralizada, recursos suficientes y legitimidad de las razones que justifican la política. En algunos casos, las intervenciones masivas son consistentes con una economía de escala; por ejemplo, en el caso de la implementación de una reforma curricular que requiere su aplicación simultánea en todas las escuelas. En otras ocasiones se trata de atajos políticos que pueden generar desorden en el sistema educativo, si los objetivos de cambio son demasiado confusos o resistidos por los actores.

Una tercera dimensión que atraviesa la duración y la dimensión de las intervenciones de política educativa es la referida a la *velocidad*. Cada acción estatal tiene una velocidad implícita o explícita; cuanto más precisas sean las metas, los recursos y las responsabilidades, más explícita será la velocidad.

La velocidad es una dimensión crítica en la implementación; hay políticas aceleradas que chocan contra los tiempos pedagógicos y hay otras tan lentas que se tornan imperceptibles y son amasadas por el ritmo previo del sistema.

Además de jugar un rol crucial en el destino de toda política, la dimensión de la velocidad está especialmente comprometida con el presente, que se vive en el vértigo de los cambios tecnológicos y culturales. A las políticas no las corren solo sus propias sombras proyectadas en el tiempo si se incumplen sus promesas, sino también los cambios que rodean el edificio escolar.

Esto implica redoblar los esfuerzos para planificar la velocidad de las políticas y las herramientas concretas que pueden favorecer su aplicación masiva, sistémica y orgánica. Las políticas deben ser pensadas, cada vez más, como organismos vivos, que se continúan a sí mismos en el sentido que generan en los actores; es decir que se replican por su propia lógica de apropiación por parte de los actores involucrados.

En definitiva, las políticas educativas deben ser livianas como el viento para viajar las distancias y llegar a las cantidades (de alumnos, de escuelas, de docentes), a la vez que densas por el conocimiento que trasladan. Aquí está uno de los dilemas más profundos del hacer de la política educativa en los tiempos que corren. ¿Cómo trasladar nuevos saberes, nuevas concepciones, nuevas habilidades en sistemas férreamente diseñados para transmitir un orden inmutable de contenidos acreditables?

Una clave para la implementación de las políticas con velocidad, a pesar de la densidad de los conocimientos, es apelar a los dispositivos de la política educativa. Los dispositivos son poleas constantes que moldean el sistema educativo, y de carácter orgánico en tanto forman parte intrínseca del corazón de la enseñanza.

¿Cómo transformar ese carácter orgánico de los dispositivos en un impulso permanente de nueva vida pedagógica, reflexiva, crítica y creadora de sentido? Este quizás sea el meollo del futuro de la política educativa.

La participación y los actores

Cada política educativa conlleva explícita o implícitamente un modelo de democracia educativa. La participación de distintos actores en las esferas de formulación de la agenda, de diseño e implementación de las acciones educativas puede variar ampliamente y afectar la legitimidad y los efectos de las políticas.

Los grupos de actores implicados en el sistema educativo tienen intereses, tiempos, recursos y capacidades de participación diferentes. El ejercicio de un gobierno democrático de la educación debería permitir la disidencia y la generación de mecanismos de priorización de los sujetos sin voz y negados de derechos, por sobre el peso específico de los actores más poderosos.

Modelos de participación en la formulación e implementación de las políticas educativas

Una forma de abordar la participación de los distintos grupos de actores en la política educativa es a través de una clasificación que se aplica tanto al momento de definición de las políticas (la agenda y el diseño) como a la etapa de implementación. Aquí se analizan los procesos, sin definir qué actores participan en cada opción, dado que eso haría más compleja la clasificación[11].

---

[11] Una clasificación alternativa se puede hallar en el trabajo de Elmore (1978), que señala cuatro modelos de implementación de las políticas públicas: gestión de sistemas, proceso burocrático, desarrollo organizacional y conflicto y negociación.

a) **Consensos y concertación:** se define mediante acuerdos básicos con los grupos de interés y con la comunidad educativa en general. Habitualmente, este modelo está conectado con procesos de aumento de la inversión educativa o el establecimiento legal de nuevas metas y derechos, así como con políticas no reformistas ni polémicas.

b) **Verticalismo:** permite avanzar en diversas agendas de forma unidireccional, con poco consenso y legitimidad por parte de la comunidad educativa, lo cual pone en riesgo la propia vitalidad y sustentabilidad de las reformas a implementar, además de expresar estilos de gestión poco democráticos. Las políticas formuladas sobre la base de modelos verticales siguen el modelo *top-down* (de arriba hacia abajo).

c) **Negociación:** este modelo triunfa cuando el poder central se halla fuertemente limitado por otros actores (sindicatos, actores privados, etc.). Supone una pérdida de autonomía del Estado y puede producir una parálisis de los modelos de agenda proactiva, transformándose en un "empate conservador", donde se mantiene el *statu quo* a partir de la imposibilidad de acordar cambios.

d) **Democratización:** en muchos casos, este modelo significa un cambio en la matriz de poder. Supone reformas en el propio gobierno de la educación, dado que genera instituciones más democráticas de toma de decisiones y empodera a los actores sociales para que participen más activamente en la arena de la política educativa. Las políticas formuladas sobre la base de modelos participativos siguen el modelo *bottom-up* (de abajo hacia arriba).[12]

---

[12] Algunos autores clásicos de la teoría de la implementación advierten sobre los riesgos de los modelos participativos, que conllevan una mayor lentitud y retraso. Como señala Aguilar (2003:53), esto depende del "número de puntos

Más allá de la participación de los actores en las etapas de las políticas, el propio modelo de gestión del sistema educativo puede volverse más o menos centralizado, participativo e incluso privatizado. La clasificación de las modalidades de intervención de la política educativa (Capítulo 1) es una forma más profunda de visibilizar los modelos de participación de los actores en el terreno de la política educativa.

Un ejemplo clásico proviene del trabajo de Hirschman (1977), que diferencia la participación de los beneficiarios de las políticas públicas en dos categorías: salida y voz. La salida es la opción que resulta de las políticas y modelos de gobierno que priorizan la mercantilización de la educación. Los alumnos o sus familias pueden elegir libremente la escuela (y los recursos estatales acompañan esta decisión) como consumidores que obligan a las escuelas a brindar mejores servicios. La voz es un mecanismo de participación más directo, que se asocia con los modelos comunitarios de gestión educativa o, incluso, con un sistema estatal más clásico.[13]

Los distintos modelos de participación de los actores en el diseño y la implementación de las políticas, y en las esferas de gobierno de la educación tienen un correlato en la posición de los actores centrales del sistema educativo: los alumnos. En la bibliografía especializada, el rol de los alumnos en la política educativa es un tema poco tratado y sugestivamente eludido.

---

de decisión, del número de participantes independientes en las decisiones, de la dirección e intensidad de sus preferencias, y de la magnitud de los recursos que están dispuestos a invertir para influir en las decisiones".

[13] Una tercera categoría que condiciona la voz y la salida es la lealtad, que el autor señala como un factor que promueve la voz y restringe la salida. La lealtad puede expresarse en relación con el bien común que promueve un modelo estatal o con una mayor participación local, como en los modelos comunitarios.

La distribución de la política educativa

Los criterios distributivos constituyen otra dimensión transversal de la política educativa, al igual que la participación de los sujetos en sus distintas etapas. En los años recientes, la educación vivió con la expansión de las desigualdades sociales que se generaron entre 1975 y 2003, en contraposición con una herencia histórica de homogeneidad en sus intervenciones. Incluso, las denominaciones son motivo de pugna conceptual: políticas socioeducativas, compensatorias, afirmativas, focalizadas o universales.

En este libro se optó por un enfoque centrado en la inclusión y la justicia distributiva (Capítulo 5). En esta concepción, un análisis que atraviesa toda decisión de política educativa es el referido a los criterios para distribuir recursos y acciones. Como señalaban Oszlack y O'Donnell (1982:129), en cada política pública hay una relación directa con la estructura social. Es necesario explicitar esos vínculos.

Modelos distributivos de las políticas educativas

La limitación de recursos y tiempos se conjuga con la complejidad de las desigualdades y obliga a establecer prioridades. La siguiente clasificación propone una serie de categorías para situar el aspecto distributivo de las políticas, y abre una discusión sobre los criterios que predominan en cada caso.

a) **Políticas universales:** se establecen con criterios homogéneos y cubren de forma inmediata o gradual todas las unidades (alumnos, docentes o escuelas) del sistema educativo. No realizan distinciones, no clasifican a las escuelas o sujetos, y fomentan la igualdad o la uniformidad. Tienden a gestionarse de manera centralizada, con fuerte presencia estatal. Se trata de acciones o transferencias de recursos no condicionadas, no solicitan nada a cambio y garantizan la faz de la educación como derecho. Son muy costosas por su escala.

b) **Políticas orientadas según las condiciones sociales:** apelan a un criterio explícito y redistributivo, basado en el nivel socioeconómico de los alumnos. Este criterio se puede aplicar a través de diversas medidas de pobreza y desigualdad. Distingue estratos sociales y define necesidades diferenciadas según los contextos. En algunos casos, puede tratarse de políticas con vocación universal, pero que en una etapa inicial, ante la insuficiencia de recursos, se aplican para priorizar a los sectores vulnerables. Fomentan la equidad educativa, que busca la igualdad como fin, pero para ello requiere reconocer las desigualdades sociales existentes y orientar políticas y recursos específicos como medio.

c) **Políticas orientadas según los resultados educativos:** el criterio de distinción en la distribución se basa en indicadores educativos, no sociales. En la práctica, esto significa favorecer a los sectores sociales más vulnerables, que son los que mayores dificultades educativas tienen (tanto en sus trayectorias como en sus aprendizajes), pero sin una concepción de derechos, sino estrictamente basada en logros educativos. El supuesto que comanda estas decisiones es que el Estado debe incentivar a las escuelas y alumnos para que regulen su conducta según los resultados. Por ejemplo, en este caso las becas a los alumnos pueden ser otorgadas (o mantenidas) de acuerdo con los resultados de aprendizaje. Las políticas orientadas según los resultados pueden incluso beneficiar a los que tienen más bajos resultados (como medida de compensación) y a los que tienen logros más destacados (como premio).

d) **Políticas orientadas por la demanda:** se trata de las acciones que favorecen la distribución de acuerdo con el criterio de los alumnos y las familias. Implican delegar el rol del Estado sobre la base de la oferta y propiciar un mecanismo de elección por la demanda. Tienden a estimular la competencia entre escuelas para atraer a los alumnos, que son considerados clientes con derecho a sancionar a las escuelas con su salida. Su expresión ideal es el *voucher*, un mecanismo de financiamiento que otorga recursos a cada familia para elegir la escuela.

Cada uno de estos modelos tiene una asociación estrecha con el rol del Estado, las modalidades de intervención y los dispositivos de la política educativa fueron analizados en el Capítulo 1. Situar estas relaciones permite analizar las posibles consecuencias y los riesgos de cada modelo distributivo.

Las políticas universales tienden a desarrollarse bajo la modalidad de regulación, y utilizan el dispositivo de la normativa como mecanismo homogéneo, estandarizado y generalmente centralizado. Sus riesgos fundamentales residen en la indiferenciación de las diferencias, y en la invisibilización de los contextos y de las necesidades específicas. En el marco de las profundas desigualdades sociales de la Argentina, su riesgo central es perder la oportunidad de generar patrones redistributivos que favorezcan a los sectores más vulnerables.

Las políticas orientadas de acuerdo con las condiciones sociales pueden asociarse con las modalidades de regulación que favorecen intervenciones diferenciales para garantizar derechos a través de las intervenciones directas del Estado en contextos vulnerables. Sus riesgos pasan por la posible estigmatización de los alumnos y las escuelas beneficiarias, que pueden quedar marcados y segregados por las propias políticas compensatorias.

Las políticas orientadas por resultados están vinculadas con las modalidades de intervención que desregulan la gestión estatal del sistema y generan autonomía con rendición de cuentas. En estos casos, tienen especial peso los dispositivos estandarizados de evaluación de la calidad que, para asignar recursos, permiten la comparación entre escuelas y alumnos. Los riesgos de este modelo meritocrático se asocian con su alejamiento de un paradigma de derechos. Los beneficios de las políticas (ya sean becas u otras acciones compensatorias) deben ser "merecidos".

Por último, las políticas orientadas por la demanda se basan en un paradigma de mercado, que favorece la competencia entre las escuelas y se regula por incentivos externos. En este caso, los dispositivos fundamentales se apoyan en la libertad de elección de las familias y en su capacidad para presionar a las escuelas con el fin de obtener mejores resultados. Los riesgos de este modelo pasan por convertir a la educación en un bien de mercado regido por la voluntad de los clientes.

Algunos de estos modelos de distribución de las políticas y los recursos pueden convivir en una misma gestión de gobierno e incluso en una misma política educativa. Una política de becas puede tener un piso básico para todos los beneficiarios por nivel socioeconómico y un valor extra por rendimiento. Una política de jornada extendida puede definirse como universal, pero comenzar su aplicación en los contextos más vulnerables. O una política puede entregar recursos a las familias para que elijan la escuela, y beneficiar a los sectores más vulnerables con una mayor asignación.

Como en otras clasificaciones de este libro, es importante considerar las mezclas y combinaciones. Sin embargo, siempre es recomendable definir criterios explícitos y argumentar sus alteraciones para evitar la opacidad de la justicia distributiva.

Una mirada de conjunto

Un conocido estudio que sistematizó más de 300 documentos sobre la implementación de políticas públicas indica que las recomendaciones para los tomadores de decisión eran escasas (O'Toole, 2003). Las investigaciones son muy descriptivas, tienen pocas prescripciones y están cargadas de opiniones inconexas y deliberadamente vagas (Elmore, 1980). Este vacío de la recomendación no solo dice mucho acerca de la lejanía entre el campo de la investigación y la acción de la política pública, sino también sobre la complejidad casi única de cada proceso político.

En definitiva, este capítulo busca abrir una reflexión sobre las múltiples dimensiones y capas de la política pública.[14] No se termina con la elección de una categoría de cada clasificación propuesta; tampoco el debate entre los modelos incremental y sinóptico puede tener una respuesta única. Así lo indica Morgan (1986), un especialista en la complejidad de las políticas públicas. En su perspectiva, la complejidad permite reconocer las diferencias, la parcialidad, lo incompleto y la distorsión de las acciones.

Las clasificaciones de este apartado son indicaciones para mirar la propia gestión, sistematizarla, intentar construir sentido a partir de ella, tornarla consciente, dejando que emerjan sus contradicciones, sus sentido implícitos. No hay soluciones puras, pero las mezclas deben tener criterios y prioridades.

Un ejemplo es el debate entre los modelos de reforma global o incremental. Es necesario diseñar un plan global de transfor-

---

[14] Como señalaba Aguilar Villanueva (2003:91) frente a las recetas de la implementación: "La homologación y compactación de la gestión pública, con un mismo formato para todas las situaciones, no parece ser ya la respuesta a los problemas públicos de una sociedad con iniciativa".

mación del sistema educativo acorde con cada contexto, pero también debe avanzarse en el paso a paso, con políticas concretas, que a veces sirven incluso para corregir y darle realismo a la mirada sinóptica.

Esto incluye acentuar una agenda de políticas educativas sólidas y poderosas.[15] Existe evidencia suficiente de que solo una política educativa potente, con recursos, planeamiento, capacidades, claros objetivos, responsabilidades, metas y evaluación de resultados puede tener impacto en el sistema educativo, en las prácticas pedagógicas y en los aprendizajes de los alumnos.

Es difícil y frustrante hacer política educativa. Lleva tiempo, consume energías y cuantiosos recursos. Muchas veces, los resultados no se ven, las resistencias silenciosas y ruidosas se repiten, las gestiones duran poco y cada uno termina por ocuparse de su pequeño radio de acción. La multiplicación de pequeños programas reemplaza a las políticas, o los sueños de grandes reformas se chocan contra la dura realidad antes siquiera de implementarse. Frente a estas situaciones se sugiere priorizar pocas pero muy sólidas políticas educativas que concentren la atención, los equipos, los tiempos y los recursos en las mayores necesidades de cambio y de fortalecimiento del sistema.

Cómo definir estas políticas es algo que podrá surgir de la comparación y el análisis de costos de las opciones, como se propone en la segunda parte de este libro y en las orientaciones del

---

[15] De acuerdo con las recomendaciones de Cummings y Cummings (2005:xii), una política educativa sólida se basa en los siguientes rasgos: la consideración del contexto, el planeamiento basado en acciones concretas, la implementación que instala nuevas capacidades, la evaluación permanente y la institucionalización como proceso de aprendizaje organizacional. Un trabajo reciente del BID indica las siguientes características para el análisis de la calidad de las políticas públicas: estabilidad, adaptabilidad, coherencia y coordinación, calidad de la implementación y de la efectiva aplicación, orientación al interés público y eficiencia (Stein, Tommasi, Echebarria, Lora y Payne, 2006:17).

capítulo final. Priorizar es uno de los ejercicios más importantes de una gestión educativa.

Una última sugerencia combina dos dimensiones: la participación y la justicia distributiva. Ambas deben combinarse; la participación puede favorecer un modelo de justicia distributiva que genere el involucramiento de los actores, en lugar de beneficiarios mudos de bienes materiales que incluso pueden terminar estigmatizándolos. Solo reconociendo los contextos, las costumbres y posibilidades de los sujetos puede hacerse política distributiva real.

El camino hacia las prácticas pedagógicas es largo y sinuoso, y requiere un riguroso análisis de las capacidades de acción del Estado para expandirlas y distribuirlas entre los sujetos. En estos primeros tres capítulos se analizó cómo hacerlo. En los siguientes, se propondrá en qué direcciones es posible concretarlo.

SEGUNDA PARTE

OPCIONES DE POLÍTICA EDUCATIVA

INTRODUCCIÓN A LA SEGUNDA PARTE

La discusión propositiva de política educativa es un terreno resbaladizo. Puede llevar al recetario que olvida los contextos o a las fórmulas basadas en evaluaciones de impacto en condiciones irreplicables. Puede llevar al idealismo de quien no tiene responsabilidades de gestión ni limitaciones concretas de recursos. Pero su contracara quizás sea aún más riesgosa: la repetición de lo mismo, la ausencia de ideas para enfrentar dilemas y problemas tan reales como esas limitaciones de los ministerios.

Las urgencias del presente educativo son impiadosas. Y los ministerios, aun con todas sus barreras, tienen muchas opciones para torcer el rumbo. Mucho más si la economía crece y la decisión política de invertir más en educación se concreta, como en los años recientes. Por eso, aquí se opta por correr los riesgos de ser propositivos y llevar opciones de política educativa a las discusiones.

Para ello hemos tomado algunos recaudos. Las opciones parten, en la mayoría de los casos, de experiencias conocidas. Nuestro recorrido por las provincias argentinas nos ha llenado de ejemplos, así como los viajes al exterior y las lecturas constantes que nos acompañan en la mirada internacional.

Las opciones no son recomendaciones a aplicar. Este segundo recaudo es fundamental. El presente libro brinda un menú de propuestas para discutir en cada contexto, no una lista predefinida para utilizar. Por eso se conectan con las bases institucionales necesarias para implementarlas (Primera parte del libro) y de allí que sean tantas opciones, para abrir debates fructíferos de planeamiento educativo, para alimentar la imaginación de política educativa.

Esta visión comparativa de opciones de política no es nueva. Hemos aprendido mucho de otros antecedentes e iniciativas en marcha. Grandes proyectos internacionales como Includ-ed[1] o la red de expertos educativos NESSE[2] son ejemplos a nivel mundial. El Instituto Internacional de Planeamiento Educativo de la UNESCO cuenta con una biblioteca fabulosa para el planeamiento educativo.[3] La OCDE, desde la aparición de PISA ha crecido a pasos agigantados en la creación de documentos analíticos y propositivos para la educación.[4] En Estados Unidos el sitio "What Works in Education" mide los efectos de todas las políticas imaginables.[5]

Algunos libros específicos son antecedentes valiosos y recomendables en esta misma dirección propositiva. Los trabajos de David y Cuban (2010), Cummings y Cummings (2008), Banco Mundial (2011) contienen amplios menús de políticas educativas exploradas. La reciente bibliografía sobre los sistemas mundiales exitosos también alimenta esta documentación (OCDE, 2011b; Mourshed, Chijioke y Barber, 2012; Tucker, 2011).

En América Latina, se destaca la amplia iniciativa de las Metas 2021, encabezada por la OEI, con documentos temáticos y estudios de costos.[6] Una selección de políticas centradas en la

---

[1] http://creaub.info/included/
[2] http://www.nesse.fr
[3] http://www.iiep.unesco.org/information-services/publications.html
[4] http://www.oecd.org/education/
[5] http://ies.ed.gov/ncee/wwc/
[6] http://www.oei.es/metas2021

igualdad educativa se encuentra en el portal "Por la inclusión".[7] El Banco Interamericano de Desarrollo es otra referencia inevitable, con su amplia base de datos de políticas en la región.[8]

Estos ejemplos son continuidades del presente trabajo. La especificidad que aquí se presenta es una elaboración centrada en opciones más cercanas al contexto de las provincias argentinas, pensadas para su escala, pese a que en muchos casos pueden ser adaptadas a la realidad de otros países y a escala nacional.

Se trata de 89 opciones de política educativa, numeradas correlativamente para facilitar su ubicación cuando son citadas. Las políticas están divididas en cuatros capítulos temáticos: inclusión y justicia distributiva; docentes; pedagógicas y curriculares; y nuevas tecnologías para la educación.

La selección es el fruto de un largo proyecto de trabajo llamado "Nexos de política educativa", que comenzó hace unos siete años. Esperamos que funcionarios, equipos técnicos y todos aquellos comprometidos con la educación encuentren en ellas fuentes de diálogo y caminos concretos para mejorar la educación.

---

[7] http://www.porlainclusionmercosur.educ.ar
[8] http://www.iadb.org/es/temas/educacion

CAPÍTULO 4

POLÍTICAS DE INCLUSIÓN Y JUSTICIA DISTRIBUTIVA

El acceso de todos los alumnos a la educación obligatoria en condiciones propicias es un proceso inconcluso. Pese a que a lo largo del siglo XX y lo que va del siglo XXI hubo avances significativos, todavía restan importantes desafíos para fortalecer la protección social desde el sistema educativo, universalizar el acceso a los niveles educativos obligatorios y asegurar contextos materiales y humanos acordes en todas las escuelas.

Avanzar en la construcción de una mayor justicia educativa exige, como primera condición, mejorar la calidad de vida de los alumnos y la asignación de la oferta educativa. Los recursos deben ofrecerse de manera desigual –privilegiar a las escuelas más desfavorecidas– y planificada –a partir de información objetiva y según criterios transparentes.

La justicia distributiva puede pensarse como compuesta por cuatro tipos de políticas. En primer lugar, las políticas de protección social. Pese a la reducción de la pobreza durante la primera década de 2000, buena parte de los niños y jóvenes viven carencias en sus hogares que limitan sus posibilidades de permanecer y aprender en la escuela. Aunque las condiciones de vida de los alumnos son el objetivo principal de otras políticas sectoriales (las económicas, laborales, sociales o sanitarias), los ministerios de Educación pueden contribuir a mejorarlas.

Las políticas de inclusión, orientadas a ampliar el acceso y la retención de los niños y jóvenes en el sistema educativo, son una segunda vía. Este constituye un escalón fundamental, ya que la exclusión significa la privación del derecho a la educación. Históricamente, la Argentina se caracterizó por sus elevadas tasas de escolarización en el nivel primario; además, en las últimas tres décadas tuvo importantes avances en materia de acceso a la educación inicial y secundaria.

Las políticas de asignación de la oferta educativa según contextos y sectores sociales son el tercer componente de las políticas de justicia distributiva. Pese al desarrollo de las políticas compensatorias desde la década del 90, los alumnos desfavorecidos asisten en general a escuelas en peor estado, con menor disponibilidad de material didáctico y docentes menos experimentados, que sus pares más privilegiados.

Un cuarto tipo de políticas relevantes para la justicia distributiva son las políticas de integración social, que procuran la diversidad social en las escuelas. Durante buena parte del siglo XX, la escuela pública permitió el encuentro de alumnos de diferentes clases sociales, sobre todo en el nivel primario. Pero con el crecimiento de la brecha entre ricos y pobres, y con el acceso de los sectores populares al nivel medio el sistema educativo fue segregando a los alumnos en circuitos desiguales de acuerdo con su nivel socioeconómico.

Eje temático 1.
Protección social desde el sistema educativo

Opción 1 (Base) - Priorización y garantía estatal de la educación en la primera infancia, de 0 a 3 años

Los estudios recientes en neurociencias aportan evidencias que fundamentan la necesidad de comenzar los procesos de desarrollo de capacidades de aprendizaje desde la más temprana edad, incluso desde el embarazo. Los primeros años de vida son fundamentales en la vida de un niño, ya que allí se generan las conexiones neuronales que preparan las capacidades cognitivas futuras (Lipina, 2008). Incluso desde el punto de vista económico, se demostró que la inversión en políticas de calidad para la primera infancia rinde como ninguna otra en la mejora del aprendizaje (Heckman, 2008; Kochen, 2013).

Pese a estas evidencias, la tradición de los sistemas educativos formales, centrados en la escuela como institución casi unívoca del Estado, siempre ignoró el desarrollo desde la más temprana edad. La consecuencia inevitable de este proceso es la desatención de las familias más pobres, que se encuentran en peores condiciones para la crianza y la estimulación temprana de los niños.

Por estas razones, resulta prioritario desarrollar políticas educativas nacionales y provinciales para la atención de la primera infancia. Desde el nivel nacional se realizaron importantes avances en la materia. La Ley 26061 de Protección Integral de Niños, Niñas y Adolescentes de 2005 y la Ley 26233 de Centros de Desarrollo Infantil de 2006 dan cuenta de los adelantos en el plano legal. En cuanto al aspecto de las políticas, el Ministerio de Educación de la Nación viene implementando desde 2005 (en conjunto con otros ministerios) el Programa Nacional de Desarrollo Infantil "Primeros Años" y el Programa Creciendo Juntos y el Plan Nacional para la Educación Inicial. Algunas sugerencias para avanzar en este sentido desde los ministerios provinciales de Educación:

- Crear un curso obligatorio de estimulación temprana y cuidado del bebé para todas las mujeres embarazadas que reciben la Asignación Universal por Hijo (u otros beneficios similares).

- Generalizar la visita de asistentes sociales o pediatras con competencias educativas basadas en la estimulación temprana a todos los hogares en situación de pobreza con bebés recién nacidos. Estas visitas podrían centralizarse en núcleos barriales (escuelas, comedores, ONG, etc.) o realizarse en los propios hogares, para asegurar su llegada a los sujetos más vulnerables.[1]

- Realizar una sistematización de la oferta educativa, recreativa y de cuidados que reciben los niños y niñas de 0 a 3 años. Registrar y regularizar la situación laboral de instituciones, profesionales y cuidadores, potenciando sus capacidades a través de circuitos específicos de formación y apoyo estatal.[2]

- Crear un plan integral de educación de la primera infancia en cada provincia, basado en el mapeo previo de la situación y articulado con otras instancias de gobierno (véase Opción de política 2).

---

[1] Un ejemplo son los Centros Crecer de la Secretaría de Promoción Social de la Municipalidad de Rosario. Están a cargo de profesionales de distintas disciplinas (docentes de nivel inicial, profesores de educación física, promotores agrotécnicos y colaboradores de la comunidad). Allí se brindan servicios alimentarios, se realiza un seguimiento de los niños con problemas nutricionales y se trabaja en la estimulación del desarrollo intelectual, emocional, afectivo y psicomotriz (Néstor López, Corbetta y D'Alessandre, 2012).

En el plano internacional, resulta interesante destacar el programa cubano "Educa a tu Hijo". Su objetivo es "preparar a las familias de niños menores de 6 años para optimizar su influencia educativa" (Kochen, 2013: 49). Sus ejecutores atienden a las familias a través de distintas modalidades: 1) atención a madres embarazadas; 2) atención individual en el hogar o en consultorios, y 3) atención grupal semanal a niños de entre 2 y 6 años (para más información, véase Kochen, 2013).

[2] En esta línea, Río Negro sancionó en 2011 la Ley 4737, que dispone la reorganización y mejora de los denominados Jardines Maternales Comunitarios, para cumplir con la Resolución 499/12, que los obliga a ser conducidos por docentes titulados para el nivel inicial, la creación de nuevos Jardines Maternales y de Infantes, y la reorganización de instituciones existentes en posibles Escuelas Infantiles (desde 45 días a 5 años) (Documento Base, citado en López, Corbetta y D'Alessandre, 2012).

POLÍTICAS DE INCLUSIÓN Y JUSTICIA DISTRIBUTIVA

Opción 2 (Base) - Coordinación integral de las políticas sociales, sanitarias y de justicia con las educativas

La división sectorial de la política pública tiende a generar cotos cerrados de intervención estatal. La vida de los sujetos sociales no admite esa fragmentación artificial, que muchas veces se traduce en duplicación de esfuerzos, confusión de políticas y desacoples estatales en los territorios. La coordinación estatal es una meta irrenunciable, que tiene un efecto crucial en los sectores sociales más vulnerables.

Dado que la escuela es un espacio que congrega a buena parte de la población infantil, se plantea la necesidad de incrementar la articulación de las políticas educativas con otras políticas públicas, como las sociales y las sanitarias, para aumentar la inclusión y retención de los alumnos en el sistema educativo.[3] Frente a la creciente demanda de cuestiones sociales en las instituciones educativas, es clave brindar claras indicaciones de las responsabilidades del sistema educativo y esquemas de coordinación de acciones con otras instituciones oficiales y no oficiales. Aquí se sugieren algunas de las iniciativas con este fin.

- **Constituir una mesa intersectorial para mejorar la articulación de las políticas.** Con el objetivo de facilitar la coordinación de las políticas en el nivel local, es esencial conformar una mesa intersectorial con el resto de los ministerios involucrados (Desarrollo Social, Salud y Justicia, especialmente).[4] Desde esta mesa podrían analizarse las políticas vigentes para detectar las superposi-

---

[3] La promoción de redes intersectoriales locales está prevista en el artículo 4 de la Ley 26061 de Protección Integral de los Derechos de las niñas, niños y adolescentes, de 2005.

[4] La provincia de Córdoba avanzó en esta dirección y creó, a partir de la Ley de Infancia sancionada en 2010, mecanismos de reunión entre los organismos

ciones y distribuir mejor las responsabilidades, además de concertar ciertas líneas generales de articulación de las políticas para atender mejor a la población en situación de pobreza.[5]

- **Elaborar un mapa de servicios sociales en cada provincia.** Desde los ministerios de Educación podría elaborarse un mapa de los servicios sociales oficiales y no oficiales de cada localidad para entregar a los directivos escolares, como un manual de acción para coordinar actividades y derivar situaciones problemáticas a las áreas correspondientes. El instructivo tendría información básica (responsables, datos de localización, horarios, etc.) sobre los distintos servicios sectoriales de la provincia (servicios de salud, justicia, asistencia social, etc.) y criterios para adecuar la derivación y articulación desde las escuelas.

- **Coordinación regional mediante firma de convenios.** La instancia regional –variable según las provincias– podría ser la encargada de fomentar, coordinar y controlar los proyectos intersectoriales concertados en el nivel central. La planificación conjunta en función de los problemas específicos de cada contexto, la organización de reuniones periódicas, la sistematización de experiencias destacadas y la realización de jornadas anuales para la presentación de los proyectos intersectoriales locales son algunas de las acciones que podrían sistematizarse.

---

gubernamentales a cargo de programas y políticas de atención a la niñez y la familia (López, Corbetta y D'Alessandre, 2012).

[5] En este sentido se orienta el Programa de Atención a la Emergencia Social, implementado en la provincia de Santa Fe desde 2008, que prevé acciones integrales para promover la integración social a través de la articulación interministerial.

Opción 3 (Base) - Prevención y control de la salud de los niños y adolescentes

La escuela debería ser un sitio estratégico para desarrollar políticas sanitarias sistemáticas, dado que es la institución estatal más masiva y con mayor despliegue territorial. Por lo general, las intervenciones de este tipo en el espacio escolar adoptaron la forma de campañas coyunturales y acotadas a cierto tipo de controles.

Sin embargo, la presencia de los CAPS (Centros de Atención Primaria de la Salud), cuyo rol principal es funcionar como primer nivel de atención sanitaria a través de actividades de promoción y prevención de la salud, podría ser aprovechada y asociada en forma más directa al sistema educativo. Algunas de las medidas que podrían adoptarse para maximizar el rol de los CAPS en el sistema educativo son:

- Realizar una serie de exámenes anuales de salud (oftalmológicos, bucales, nutricionales, clínicos, psicológicos, etc.) en la escuela, que den lugar a derivaciones y al seguimiento correspondiente en el sistema de salud.

- Elaborar protocolos de acción para reducir el tiempo y margen de error ante contingencias. El protocolo debería contener indicaciones concretas sobre cursos de acción, referentes y canales de comunicación ante problemas de salud tipificados.

- Promover la colaboración con los docentes y directores de las escuelas al momento de definir los contenidos orientados a la educación para la salud y la prevención de las enfermedades, sobre todo las que aquejen particularmente a cada comunidad.

- Capacitar a los docentes para que puedan definir los contenidos vinculados a la educación sexual, obligatoria a partir de los 5 años según la Ley 26150 de Educación Sexual de 2006.

- Organizar e institucionalizar encuentros formativos para alumnos y padres, a partir de las inquietudes y necesidades específicas de cada comunidad educativa.

Opción 4 (Base) - Reformulación de la alimentación escolar

Los comedores escolares cumplen una función alimentaria y educativa muy importante. La buena alimentación incide directamente sobre el desarrollo neuronal de las personas y constituye una condición fundamental para el aprendizaje. A su vez, cumplen con un rol educativo al promover una vida saludable y generar hábitos alimentarios, higiénicos y sociales. Pese a que la cobertura del servicio de comedores escolares se expandió, especialmente luego de la crisis de 2001,[6] existen importantes falencias tanto en lo referido a la gestión como al impacto nutricional del servicio.

La alimentación suministrada tiende a ser insuficiente en algunos de sus componentes (calorías, calcio y ciertas vitaminas) y replica las carencias de la alimentación hogareña, empeorando los problemas de obesidad y sobrepeso (Britos, O'Donnell, Ugalde y Clacgeo, 2003). En cuanto a la gestión del servicio, además de que el presupuesto suele ser limitado y discontinuo, muchas veces no existen marcos normativos claros sobre la selección de los beneficiarios y de los alimentos, ni de cocineros y celadores rentados, ni capacitaciones regulares para el personal a cargo, ni controles administrativos, bromatológicos o sanitarios adecuados.

Estas falencias redundan en amplios márgenes discrecionales en la preparación y definición de los menús de cada escuela. Otra cuestión importante es la carga que representa para los

---

[6] Según datos de 2009, el 22% de los alumnos de escuelas públicas de educación básica almuerza en la escuela, mientras que el 47% recibe el desayuno (la llamada "copa de leche") y el 14%, la merienda (o "refrigerio").

directivos organizar el comedor. Una política de comedores escolares orientada a mejorar la organización y el valor nutricional del servicio debería incluir:[7]

- Un diagnóstico sobre la oferta de comedores, que abarque la calidad de las comidas, las necesidades de los alumnos, el perfil del personal a cargo y el estado de las cocinas y de los elementos para la elaboración de las comidas, entre otros.

- La elaboración (o revisión) de un marco normativo en el que se detallen aspectos centrales como: indicaciones sobre los alimentos necesarios, sugerencias de menús, pautas de higiene, responsables a cargo, etc. El marco normativo debería incluir la prohibición de vender golosinas en los quioscos escolares y su reemplazo por comidas y productos con mayor valor nutritivo.

- El análisis de costos para definir un presupuesto adecuado que garantice la calidad nutricional de las comidas y asegure su continuidad y eficiencia.

- La capacitación de supervisores, directores de escuela y cocineros sobre aspectos nutricionales, de higiene y seguridad alimentaria.

- La designación de cocineros y celadores en los casos en que sea posible (sobre todo en las escuelas más populosas), para aliviar la tarea del personal docente.

---

[7] Un antecedente de política integral de alimentación escolar (que luego amplió su espectro incluyendo una gran diversidad de acciones) es el Programa de Asistencia Integral de la Provincia de Córdoba (PAICOR), sostenido desde el año 1984 hasta la fecha. Este programa abarca una multiplicidad de medidas que contribuyeron a mejorar el servicio, como la designación masiva de personal específico para todos los comedores escolares de la provincia, el control de la salud de los alumnos y la promoción de huertas escolares (Veleda, 2003b).

- La adaptación de los comedores en un espacio formativo, a través de charlas educativas ligadas a temáticas diversas sobre los alimentos, la salud, los hábitos en la mesa, la administración del presupuesto para una nutrición adecuada, por ejemplo.

- La institucionalización de controles administrativos, bromatológicos y nutricionales periódicos. A partir de la debida capacitación, los supervisores podrían estar a cargo del control organizativo y los médicos comunitarios de los CAPS podrían realizar los exámenes a los alumnos.

Eje temático 2.
Inclusión

Opción 5 (Base) - Planificación integral de la oferta escolar

La evolución reciente de las leyes, la demanda social y los cambios demográficos invitan a redefinir el planeamiento de la inclusión y de la oferta escolar. Las metas de universalización del nivel inicial y secundario se suman a la necesidad de muchas provincias de reorganizar su oferta (a partir de las modificaciones en la estructura de niveles) y extender la jornada escolar en el nivel primario. Todas estas medidas se aplican en muchos casos de forma descoordinada, priorizando la ejecución de obras individuales por sobre la mirada estratégica a largo plazo.

Para comprender las múltiples capas de la planificación educativa, basta mencionar el impacto de la Asignación Universal por Hijo en el proceso de inclusión escolar, así como las cambiantes tendencias demográficas, el pasaje al sector privado en ciertos núcleos urbanos y las necesidades estructurales de oferta en el nivel inicial y secundario en los sectores rurales. La combinación de estas tendencias es proclive a derivar en cuellos de botella, injusticias y coyunturas que imponen las obras sobre el planeamiento.

Cada nueva aula y escuela forma parte de un sistema de justicia, por eso es un error muy costoso pensarlas de forma aislada como un objetivo en sí mismo que se centra en el beneficio específico de un territorio (muchas veces bajo el sesgo de influencias políticas y presiones diversas). Entonces, resulta clave potenciar la función de planeamiento integral de la oferta educativa en las provincias, en coordinación con las instancias nacionales. Algunos rasgos salientes de este proceso podrían ser los siguientes:

- Fortalecer las áreas de planeamiento de las provincias, dotarlas de recursos y capacidades para elaborar un mapa de corto, mediano y largo plazo de tendencias demográficas, demandas educativas insatisfechas, prioridades de financiamiento y combinación de soluciones en los territorios para abordar las políticas en forma integral.

- Realizar un mapa de las escuelas y los espacios disponibles, para definir las prioridades de construcción y planificar la reutilización de espacios vacantes generados por el nuevo cambio de estructura (de EGB y polimodal a primaria y secundaria), los cambios demográficos previstos para los próximos años, la previsión de escuelas de jornada extendida y otras grandes transformaciones en la oferta.

- Definir modelos de articulación de metas educativas que combinen, por ejemplo, la creación de un edificio donde se traslade una escuela secundaria que funciona en el mismo edificio que una primaria, para permitir que esa escuela primaria se convierta en una escuela de jornada completa.

- Analizar la posibilidad de privilegiar en el nivel secundario la construcción de edificios escolares medianos.

Esto supondría, para una escuela que cuenta con primero a quinto año, un total de alrededor de 300 alumnos; es decir, dos secciones por año. Las escuelas excesivamente grandes dificultan el seguimiento personalizado de los alumnos y la capacidad de gestión de los directores, aspectos esenciales en los contextos más desfavorecidos.

- Cuando sea posible, ubicar nuevas escuelas secundarias en lugares de confluencia de distintas escuelas primarias o en la intersección de distintos barrios, para propiciar la diversidad social en cada una de ellas.

- Respetar las pautas estandarizadas de calidad al momento de construir nuevos edificios escolares,[8] y propiciar el trabajo conjunto entre el área pedagógica y la de arquitectura escolar en el diseño o reforma de edificios escolares (véase BID, 2012a). Buscar opciones de escuelas aptas para los distintos contextos, evitando superposiciones entre el sector público y privado, con orientaciones en el nivel medio y otras ofertas específicas.

- Analizar la posibilidad de que las escuelas privadas con capacidad de absorción de matrícula garanticen la incorporación gratuita de alumnos en las zonas con insuficiente oferta para, al mismo tiempo, favorecer la diversidad social del alumnado.

---

[8] El documento "Criterios y Normativa Básica de Arquitectura Escolar", aprobado por el Consejo Federal de Educación (Resolución 68/97), define pautas comunes básicas con alcance en todo el territorio nacional, para elaborar proyectos y habilitar edificios escolares. También existe un "Instructivo para la ejecución de obras" (Resolución Ministerial N° 1120/02 y su modificatoria N° 1559/05).

Opción 6 (Idea) - Campaña por la inclusión de niños y adolescentes en el sistema educativo

Más allá de la previsión y organización de la oferta, el proceso de incorporación de alumnos en los niveles inicial y secundario podría fortalecerse a través de una serie de acciones orientadas a favorecer la atracción de niños y jóvenes a la escuela:

- Desarrollar estrategias de comunicación social originales, que sean capaces de modificar las representaciones que atentan contra la inclusión de nuevos alumnos el sistema educativo (Croce, 2005).

- Fomentar la participación de organizaciones de la sociedad civil en la reinserción de los niños y adolescentes a la escuela mediante la búsqueda de alumnos, la construcción de un proyecto personal que dé sentido a su escolarización y el seguimiento, una vez inscriptos en la escuela.[9]

- Mejorar la articulación entre el nivel primario y el secundario, facilitando el pasaje de los alumnos y mejorando las condiciones para su retención (Opción 50).

- Elaborar y divulgar documentos en los que se resuman experiencias innovadoras de inclusión puestas en práctica por las escuelas.

- Crear un registro de alumnos anotados sin cupo para acceder al nivel inicial y al nivel secundario.[10]

---

[9] El Programa Nacional de Inclusión Educativa (iniciado en 2005) introdujo la novedad de convocar a las organizaciones de la sociedad civil como aliadas estratégicas en esta tarea.

[10] Es destacable la labor que la Asociación Civil por la Igualdad y la Justicia (ACIJ) realiza, desde la sociedad civil, en esta dirección. Año a año, la organización elabora informes que monitorean la falta de vacantes de nivel inicial en la Ciudad de Buenos Aires (véase ACIJ, 2013).

Eje temático 3.
Asignación de la oferta educativa

Opción 7 (Esencia) - Sistema de medición de la justicia en la distribución de la oferta educativa

Como sucede en la mayoría de los países latinoamericanos, el acceso de todos los alumnos a una oferta educativa acorde (en términos de infraestructura, equipamiento, material didáctico y plantel docente) no está garantizado en la Argentina (Falus y Goldberg, 2010). En general, las escuelas privadas gozan de mejores condiciones materiales que las escuelas públicas. Pero, a su vez, dentro de ambos sectores, las escuelas que congregan alumnos de bajo nivel socioeconómico están en peores condiciones materiales que las escuelas que congregan a los sectores más favorecidos (Bezem, 2012; Llach, 2006; Rivas, Veleda, Mezzadra, Llinás y Luci, 2004).

Además de la inaceptable injusticia que esto supone, ciertos estudios muestran que las condiciones materiales inciden de manera significativa en los resultados de los alumnos (Cervini, 2002; Duarte, Gargiulo y Moreno, 2011). Por ejemplo, según la evidencia del estudio SERCE, la infraestructura es el segundo factor escolar con mayor incidencia en el desempeño de los alumnos, detrás del clima escolar (OREALC-UNESCO, 2008).

Un factor que influye de manera significativa en la injusticia distributiva de la oferta educativa es la ausencia de datos sobre el nivel socioeconómico de los alumnos por escuela, que podrían facilitar la toma de decisiones justas en la dotación de recursos económicos y materiales para las escuelas. Muchas veces esta distribución se decide en función del conocimiento personal o informal que tienen las autoridades sobre las escuelas, lo cual genera asignaciones imprecisas y potencialmente injustas.

Frente a este diagnóstico, un sistema de medición de la justicia distributiva de la oferta escolar según nivel socioeconómico objetivaría la asignación de los recursos entre las escuelas (Rivas, Vera y Veleda, 2009). Este sistema exigiría contar con información sobre el nivel socioeconómico de los alumnos del sector público y privado por escuela, turno y sección. En las provincias que ya cuentan con un registro digital de información individualizada sobre las escuelas, los alumnos y los docentes estarían en condiciones ideales para construir el sistema de medición propuesto.

Para permitir una distribución más equitativa de los recursos entre escuelas, debería relacionarse el nivel socioeconómico de los alumnos con datos clave de la oferta educativa que cada alumno/a recibe:

a) Calidad edilicia de la escuela.
b) Materiales y equipamiento disponible en la escuela.
c) Libros de texto y otros materiales disponibles por alumno.
d) Becas y ayudas entregadas por el Estado por alumno.
e) Servicios alimentarios por alumno.
f) Características de los docentes por sección y por escuela (edad, formación, capacitación, etc.).
g) Aportes de las cooperadoras.
h) Porcentaje de subvenciones estatales a las escuelas privadas.

En suma, se trataría de crear un "tablero de control" del sistema educativo que permitiera realizar un seguimiento de la distribución de recursos a los alumnos, considerando su condición socioeconómica como un eje fundamental de las decisiones.

Opción 8 (Idea) - Priorización del financiamiento estatal y no estatal a las escuelas públicas con criterios de justicia distributiva

El diagnóstico señalado en el punto anterior no solo está determinado por las desigualdades sociales sino también por la acción u omisión del Estado y otros actores en la distribución de los recursos entre las escuelas. En muchos casos, las capacidades de *lobby* por los recursos estatales y no estatales de las escuelas son muy diversas y no necesariamente coinciden con sus necesidades objetivas. También ocurre que muchos actores bien intencionados cuentan con información limitada para distribuir recursos entre las escuelas.

Frente a estas situaciones, una política estatal complementaria a lo señalado en el punto anterior podría incluir distintas medidas que reforzaran un sentido de justicia distributiva capaz de priorizar a las escuelas con mayor vulnerabilidad social.

- Establecer criterios objetivos para la distribución de políticas socioeducativas (becas, comedores, equipamiento, programas específicos, etc.) basados en el censo de nivel socioeconómico por escuela (Opción 7).

- Asignar recursos económicos mínimos ("caja chica") a cada escuela pública en función del nivel socioeconómico de los alumnos.[11]

- Acordar con los municipios que su apoyo material a las escuelas sea destinado a las más desfavorecidas.

- Concertar con las principales empresas y organizaciones de la sociedad civil de la provincia involucradas con el sistema educativo para orientar sus acciones de apoyo material a las escuelas. Para esto, podría designarse dentro del ministerio un referente a cargo de la relación con las empresas y las organizaciones sociales para brindarles información, organizar encuentros y potenciar proyectos complementarios.

---

[11] La provincia de Mendoza tiene una experiencia asentada en la materia, ya que las escuelas reciben fondos en función del nivel socioeconómico de los alumnos desde la década del 80.

Opción 9 (Base) - Control del otorgamiento y de la renovación de aportes estatales a las escuelas de gestión privada

Una dimensión importante de la justicia educativa es la referida a los aportes estatales a las escuelas de gestión privada. Históricamente, las provincias manejaron los aportes con criterios discrecionales y sin procesos de revisión que permitieran corregir posibles injusticias. Dado que no se informa públicamente qué escuelas reciben aportes,[12] se trata de una cuestión opaca que admite posibles situaciones de injusticia.

Para potenciar la justicia distributiva entre las escuelas del sector privado, se recomiendan las siguientes acciones:

- Definir criterios objetivos y explícitos de asignación de recursos, basados en la priorización de los sectores más vulnerables de la población y en las cualidades de los proyectos educativos de las escuelas en términos de inclusión pedagógica y calidad de sus estrategias.

- Eliminar la posibilidad de lucro de las escuelas de gestión privada que reciben aportes del Estado, dado que su fin debería ser únicamente educativo y social.

- Crear comisiones técnicas (integradas por funcionarios, supervisores y especialistas) que juzguen la asignación y renovación de los subsidios según los criterios establecidos, y que garanticen la independencia del poder político.

- Publicar en Internet el listado completo de las escuelas que reciben subsidios estatales, con mención de los

---

[12] Véanse los trabajos de Mezzadra y Rivas (2010) y ACIJ (2011) sobre la provincia y la Ciudad de Buenos Aires, respectivamente, en los cuales se constatan situaciones de escuelas que cobran altas cuotas y reciben amplios subsidios estatales y, a la inversa, escuelas con muy baja cuota y escasos o nulos aportes del Estado.

montos, los motivos que dieron lugar a la decisión en cada caso y consignando las cuotas que las escuelas cobran a las familias.

- Evaluar periódicamente la continuidad de los subsidios a partir de un sistema con datos objetivos de la matrícula, situación socioeconómica de los alumnos y revisión del proyecto institucional. Esto debería basarse en una normativa criteriosa, que no genere incertidumbre en la sustentabilidad económica de las escuelas, sino que garantice un círculo virtuoso entre aportes estatales, justicia social y calidad educativa en el sector privado.

- Crear un subsistema de escuelas de gestión social gratuitas para los alumnos (Opción 75), que reciban aportes del Estado para el pago de todos los salarios y servicios corrientes (lo cual permitiría garantizar su gratuidad).

Opción 10 (Base) - Plan de mantenimiento edilicio permanente

Una problemática acuciante de las gestiones educativas es la referida a la situación de infraestructura de las escuelas. Muchos problemas edilicios –y los importantes fondos requeridos para su reparación– podrían evitarse si existiese una política adecuada de mantenimiento constante de los edificios escolares. Aquí se sugieren solo algunas de las orientaciones que podrían tenerse en cuenta:

- Destinar anualmente entre un 2 y un 4% del costo inicial del edificio a su mantenimiento.[13] Pese a que esta inversión podría resultar onerosa para el presupuesto provincial, es el medio más eficiente de preservar los edificios y

---

[13] Esta fue la medida sugerida por varios entrevistados, especialistas en el tema de infraestructura escolar.

prevenir accidentes, ya que la reparación de edificios muy deteriorados resulta más costosa que el mantenimiento permanente.

- Fortalecer la descentralización del mantenimiento edilicio de forma coordinada con los municipios o las sedes regionales de los ministerios para garantizar respuestas rápidas en los casos de reparaciones menores.

- Elaborar instructivos de mantenimiento edilicio y acompañarlos con las herramientas necesarias para que las escuelas puedan resolver sus problemas más inmediatos y fomentar la participación de alumnos, docentes y padres en el cuidado preventivo de las instalaciones.

- Institucionalizar la organización de dos jornadas anuales (antes de las vacaciones de invierno y de verano) en las que padres y alumnos colaboren con el mantenimiento general del edificio (véase Opción 71).

- Crear un sistema de puntaje para los contratistas de obras en escuelas públicas, donde se consignen las calificaciones de su trabajo en términos de calidad y eficiencia, como base para promover futuras contrataciones, así como un esquema de incentivos económicos que acelere las obras y garantice su calidad.

Eje temático 4.
Integración y fomento de la diversidad

Opción 11 (Idea) - Eliminar mecanismos de segregación de alumnos

La segregación social de los alumnos constituye un problema importante del sistema educativo argentino, ya que la mayoría de los niños y jóvenes convive en la escuela con pares de condición social semejante a la suya. La homogeneidad social imperante en la mayoría de las escuelas y aulas resulta preocupante, ante todo, desde el punto de vista de la integración social, ya que los niños y jóvenes están expuestos a experiencias de socialización que refuerzan las tendencias hacia el cierre social, la estigmatización y la violencia (López, 2005).

Por otro lado, la segregación educativa resulta un obstáculo para la mejora sistémica de los aprendizajes de los alumnos. Según la evaluación 2009 del Programa Internacional para la Evaluación de los Estudiantes (PISA), la Argentina fue el país con mayor variación de los resultados entre escuelas de los 65 países evaluados, y esta variación se explica principalmente por la composición social de las escuelas.[14]

La segregación social entre las escuelas responde a las reglas que definen la distribución de los alumnos, que en la gran mayoría de las provincias otorgan libertad de elección a las familias y dejan amplios márgenes de autonomía a las escuelas para la selección de los alumnos (Veleda, 2012). Muchas de estas reglas favorecen la agudización de la segregación educativa. Frente a esta situación, que varía según provincias y contextos, se sugieren algunas acciones concretas:

- Reemplazar en la normativa el orden de llegada (en las escuelas públicas) y el "derecho de admisión" (en las escuelas privadas) por el sorteo público de vacantes y turnos (exceptuando a los hermanos de los alumnos ya inscriptos) como criterio para definir la inscripción de los alumnos en el caso de las escuelas con demanda excesiva.

---

[14] En el contexto nacional, los estudios de Cervini (2002, 2003) muestran también que el agrupamiento socialmente segmentado de los alumnos es el factor que más incide en la desigualdad de los aprendizajes escolares básicos.

- Crear nuevas reglamentaciones (más explícitas que las vigentes) y mayor jurisprudencia de penalización severa a todas las autoridades educativas que discriminen alumnos en el proceso de inscripción en las escuelas públicas y privadas.[15]
- Establecer en la normativa la prohibición de la articulación informal entre escuelas de distintos niveles educativos (por ejemplo, entre una de nivel inicial y otra de nivel primario) cuyo propósito es direccionar la matrícula entre una escuela y la otra, propiciando el cierre de determinadas escuelas a alumnos provenientes de otras escuelas.
- Establecer criterios en la normativa para regular la expulsión y el pase de alumnos en el curso de un año o ciclo escolar, y para evitar que esto ocurra en la máxima medida posible. Para ello es esencial explicitar mejor los criterios y las condiciones para la expulsión y el pase de alumnos, e impedir la "derivación" entre escuelas de aquellos alumnos con dificultades de aprendizaje o de comportamiento. En este punto es clave definir la mediación del supervisor en todos los casos de expulsión o pase durante el año escolar y equiparar dichos criterios entre el sector público y el privado.
- Fijar como una de las prioridades de la tarea de los supervisores el control de las prácticas selectivas de los directores orientadas a rechazar a ciertos alumnos, mediante

---

[15] En la Ciudad Autónoma de Buenos Aires, la Defensoría del Pueblo presentó en 2004 un proyecto de ley para regular el derecho de admisión que introduce la obligación de los establecimientos de gestión privada del distrito de explicitar por escrito las causas y los fundamentos que motivaron la negativa de inscribir a un alumno. En el mismo sentido, la Dirección General de Cultura y Educación de la Provincia de Buenos Aires sancionó en 2012 la Resolución 329, que obliga a las escuelas privadas a aceptar que los alumnos que repiten puedan continuar sus estudios en el mismo establecimiento.

políticas de sensibilización sobre la importancia de la integración social.
- Habilitar canales oficiales de denuncia de las situaciones de discriminación. Designar un "ombudsman de la educación", a quien pueda dirigirse la comunidad para presentar sus demandas (Opción 14).

Opción 12 (Idea) - Definir la composición de la matrícula de los cursos y turnos por criterios de inclusión

Diversas investigaciones muestran las ventajas comparativas de la conformación de grupos heterogéneos con respecto a los homogéneos, tanto en la composición social como en el rendimiento educativo (Duru-Bellat, 2004). En oposición a ciertas creencias de algunos docentes y familias, la constitución de grupos homogéneos limita las posibilidades de aprendizaje de los niños, en particular de aquellos que están en desventaja.

En la Argentina, se dieron pasos importantes desde el retorno a la democracia en 1983 para evitar separar a los alumnos por niveles de aprendizaje o de conducta. Pero un amplio porcentaje de escuelas todavía clasifica a sus alumnos según sus habilidades. En algunas provincias, incluso se separa a los alumnos según niveles de aprendizaje en grados llamados A y B, y en la mayoría de las jurisdicciones hay fuertes diferencias en la composición social del alumnado conforme los turnos.

Para evitar la arbitrariedad de criterios de separación y agrupamiento de los alumnos, se recomienda potenciar acciones en pos de una cultura pedagógica de la inclusión, mediante documentos, capacitaciones y tareas de supervisión. No hay mejor política que la formación de una conciencia autónoma dentro del sistema educativo que defienda el postulado de la integración en aulas comunes de todos los alumnos. Forzar las decisiones organizativas de las escuelas siempre tiene un costo mayor que arribar a ellas a través de principios y capacidades pedagógicas.

Aun así, en ciertas situaciones la normativa y la acción de la política educativa no pueden quedar pasivas a la espera de cambios espontáneos. Un principio guía es la composición de los grupos por sección y por turno sobre la base de criterios explícitos de inclusión, que favorezcan a los alumnos con necesidades especiales y a todos aquellos que tengan condiciones de alta complejidad y desventaja social. Esto implica combatir el principio de la diferenciación según capacidades. Cada escuela puede realizar adaptaciones específicas en ciertas materias como los idiomas o los talleres, donde la dispersión de saberes previos o de intereses requiere agrupamientos por niveles de aprendizaje u otros factores.

La práctica de la inclusión no es sencilla. Requiere medidas comunicacionales para favorecer la inclusión desde los hogares, por ejemplo en la inscripción por turno, que debería favorecer la integración y no la diferenciación socioeconómica. Esto podría ser fortalecido con mecanismos de sorteos ante el exceso de demanda de un turno específico. Por otra parte, las políticas de apoyo a la docencia y de mayor tiempo escolar (Opciones 34, 35 y 45) para trabajar la diversidad social y pedagógica son bases fundamentales para lograr la meta de la inclusión en la realidad cotidiana de las escuelas.

Opción 13 (Idea) - Reconciliar a los docentes y las familias con las situaciones de diversidad social y promover la cooperación entre las escuelas generando redes interinstitucionales

Las prácticas selectivas de las escuelas y de elección de las familias parten muchas veces de representaciones discriminatorias y de prejuicios hacia los niños y jóvenes más desfavorecidos. Frente a esta tendencia, los ministerios de Educación provinciales podrían concebir políticas que ayudaran a la escuela a cumplir su función de integración social, tanto desde el punto de vista de los docentes como de las familias.

A su vez, dado que las escuelas suelen funcionar de manera aislada, el intercambio y la cooperación entre ellas podría redundar en una menor competencia.[16] Se trata de generar un "sentido de sistema" en las escuelas, para que no perciban su situación y sus problemas de manera individual, y pasen a aunar esfuerzos, compartir recursos y concebir soluciones de manera conjunta. Las siguientes sugerencias van en esta dirección:

- Unificar los sistemas de supervisión del sector público y del privado, al exigir los mismos requisitos e incluir a todas las escuelas de ambos sectores bajo la responsabilidad de un mismo supervisor. Sería necesario complementar este circuito territorial con una única supervisión contable y administrativa específica para el sector privado, que controle el uso de los recursos públicos en las escuelas subvencionadas.

- Realizar capacitaciones con supervisores sobre las estrategias requeridas para la constitución, el seguimiento y la institucionalización de una red de escuelas públicas y privadas dentro del sector bajo su responsabilidad. Fomentar modelos renovados de creación de comunidades de aprendizaje (Flecha García y Puigvert, s/f).

- Valorar a las escuelas que demuestren trabajar en pos de la integración social, mediante la difusión de sus proyectos y la visibilidad a través de nuevas formas de comunicación de buenas prácticas (Opción 39).

- Desarrollar políticas de comunicación en los medios y en las escuelas para sensibilizar a la sociedad en general y a

---

[16] El Proyecto de "Promoción de Estilo de Gestión por Redes Interinstitucionales" implementado en la provincia de La Pampa entre 2000 y 2003, con el objetivo principal de lograr la conformación de "redes de escuelas" dentro del ámbito geográfico local, constituye un antecedente interesante en este sentido.

los padres en particular sobre el valor de la inclusión, la integración y la diversidad social en la escuela, utilizando ejemplos y testimonios concretos de las prácticas discriminatorias vigentes.

Opción 14 (Idea) - Crear una Defensoría del Derecho a la Educación o un área específica acorde

Los modelos de gobierno de la educación están asociados directa o indirectamente con el diagnóstico de los problemas del sistema educativo. Una visión homogénea –hasta monolítica en ciertos casos–, piramidal y unidireccional –de arriba hacia abajo– de la política educativa facilita la discrecionalidad política, la escasa participación de los actores y su dependencia de los niveles centrales de gobierno. Para romper con muchas de las situaciones de segregación, desigualdad y discriminación del sistema educativo, es esencial abrir nuevos espacios de participación y gestión de las demandas y de las voces silenciadas de los actores.

En esta dirección se propone la creación de una Defensoría del Derecho a la Educación o de un área específica dentro de las Defensorías del Pueblo existentes.[17] Estas instancias deberían tener garantizada la autarquía presupuestaria y la designación por mérito basada en el acuerdo de los distintos bloques políticos de las legislaturas. El rol de una Defensoría debería abarcar los siguientes puntos:

- Realizar acciones preventivas a partir de cartillas informativas sobre distintos aspectos del derecho a la educación y charlas en escuelas, organizaciones barriales e institutos de formación docente.

---

[17] Un buen ejemplo es el caso de la Defensoría de la Ciudad de Buenos Aires, que cuenta con un área específica de educación (véase http://www.defensoria.org.ar/areastematicas/educacion10.php).

- Habilitar un teléfono gratuito para realizar consultas, quejas y denuncias específicas sobre situaciones de vulneración de derechos educativos.

- Facilitar modelos de mediación de conflictos y evitar la judicialización temprana o acelerada de problemas dentro de las escuelas, que en los años recientes tendieron a multiplicarse.

- En casos específicos, cuando por ejemplo no sea posible ninguna instancia de mediación por la gravedad de la situación detectada, accionar legalmente en defensa de los sujetos víctimas de la vulneración de los derechos educativos.

- Monitorear las políticas educativas y la ejecución presupuestaria con independencia de criterio, capacidad de diálogo y generación de consensos.

CAPÍTULO 5

POLÍTICAS PARA LA DOCENCIA

Sin una docencia fortalecida y comprometida con la calidad y la equidad no podrán construirse sistemas educativos justos. Las investigaciones que se preguntaron por qué algunos sistemas tienen mayores logros y menores desigualdades en las evaluaciones internacionales encontraron las mayores respuestas en los docentes (Barber y Mourshed, 2008; Carnoy, 2007; Hargreaves y Shirley, 2009; Mourshed, Chijioke y Barber, 2012).

Estas investigaciones coincidieron en la importancia de contar con una profesión docente de alto prestigio, muy demandada por los jóvenes, con una excelente formación inicial y con escuelas donde el desarrollo profesional –a través del trabajo colectivo, la investigación-acción, la reflexión sobre la práctica– sea una realidad cotidiana.

La buena noticia es que estas conclusiones son las mismas que los educadores defendieron durante décadas: la clave está en los docentes. La mala noticia es que las políticas docentes son las más complejas de diseñar e implementar.

En primer lugar, porque en contraposición al discurso cada vez más fuerte sobre la importancia de los docentes, en la región se viene llevando a cabo un proceso creciente de desprestigio y desprofesionalización, aun cuando se exigen más años de formación inicial. La masividad creciente de la profesión (como consecuencia de la expansión de los sistemas educativos) y la complejidad social y cultural que rodean la tarea escolar son algunos de los factores fundamentales para entender este proceso.

Por otro lado, las políticas docentes son, en definitiva, lo que Tedesco (2010) llama políticas de subjetividades. No deben ser circunscriptas a fortalecer competencias y conocimientos, garantizar condiciones laborales dignas y ofrecer posibilidades constantes de desarrollo profesional. Estas políticas deben interpelar a los docentes como sujetos, en sus convicciones más profundas, para comprometerlos con el proceso de construcción de un sistema educativo más justo.

La docencia es un acto ético y político. Cuando hablamos del perfil ideal del docente, no hablamos solamente de competencias y conocimientos, sino también de actitudes, sistemas de creencias, valores, disposiciones. Se trata de procesos de compleja intervención política en forma masiva. Como sostiene Michael Fullan (1991), "sería tan fácil si pudiéramos legislar cambios en el pensamiento".

Justamente por su complejidad, se trata de políticas que deben ser concebidas en forma integral. De poco sirve elevar la calidad de la formación si el salario es bajo y no hay aspirantes. No alcanza con mejorar las condiciones laborales si los docentes no tienen las herramientas ni las disposiciones para actuar con potencia en las aulas. Las políticas docentes requieren de amplios recursos, capacidades técnicas en los ministerios y contar con una teoría del cambio educativo que le dé sentido a las diferentes estrategias.

A continuación se presenta una serie de opciones de políticas para la docencia elaboradas sobre la base de las discusiones internacionales actuales y asentadas en el camino recorrido en la Argentina durante los últimos años. Las planteamos conscientes de su complejidad (presupuestaria, técnica y política) y sabiendo que su viabilidad debe ser analizada en cada contexto provincial. Implementar políticas docentes potentes es el desafío más importante y difícil de los gobiernos educativos. Este capítulo intenta contribuir a la reflexión sobre cómo hacerlo.

Eje temático 1.
Formación docente

Uno de los desafíos cruciales de la política educativa es la formación docente. En la Argentina, los docentes se forman tanto en institutos superiores de formación docente (IFD) como en universidades. Existen en nuestro país 1.122 IFD y 61 universidades (35 estatales y 26 privadas) que ofrecen carreras de profesorado, especialmente de nivel secundario.[1]

La situación de la formación docente tiene problemáticas recurrentes como la fragmentación del sistema, la falta de condiciones institucionales mínimas en muchos IFD, la mimetización con la cultura escolar de nivel medio y el repliegue de las instituciones sobre sí mismas (Resoluciones 251/05, 23/07 y 30/07 del Consejo Federal de Educación, Davini, 2005; Diker y Terigi, 1997).

Frente a estos elementos de diagnóstico, resultan cruciales dos decisiones incluidas en la Ley de Educación Nacional de 2006 para encabezar procesos de mejora: la creación del Instituto Nacional de Formación Docente (INFD) y la extensión de la formación de maestros de nivel inicial y primario de 3 a 4 años. El INFD se convirtió en un articulador de la política de formación docente en el ámbito federal. Desde allí se elaboraron lineamientos para los nuevos diseños curriculares, nuevos esquemas para la organización institucional y planes de acción para el fortalecimiento de la formación docente. En este camino en marcha, se proponen las siguientes opciones de política.

---

[1] Fuentes: IFD; Anuario estadístico 2010, Ministerio de Educación de la Nación. Universidades: Consejo Federal de Educación, Resolución 251/2005.

Opción 15 (Base) - Diagnóstico integral y planificación estratégica de la oferta docente

Un punto de partida para fortalecer la docencia es realizar un diagnóstico integral sobre el mercado de trabajo docente, la oferta de formación en relación con la demanda del sistema educativo, la cantidad de estudiantes inscriptos y egresados de las carreras de formación en relación con las plazas disponibles, el nivel y la evolución de los salarios y su vinculación con la cantidad de docentes disponibles, y la identificación de las lagunas cualitativas[2] que requieren políticas especiales. Este estudio global sería una herramienta indispensable de planificación educativa en cada provincia, que podría actualizarse de manera constante si se informatizaran los datos sobre las plazas disponibles en cada nivel, modalidad y especialización del sistema.

Con este diagnóstico podría diseñarse un planeamiento estratégico de la oferta del sistema formador. Esta propuesta, muy compleja técnica y políticamente, debe implementarse con ciertos recaudos y ser articulada con otras políticas, siguiendo estos criterios:

- Contemplar el marco de un planeamiento nacional, ya que, como sostiene el CFE en su resolución 30 de 2007, no siempre será posible que cada provincia tenga la totalidad de la oferta de formación docente que se requiere.

- Combinarse con una política integral de formación superior técnica. Dado que en muchos lugares del país la docencia es la única alternativa de estudios superiores para los jóvenes, una reorganización del sistema de formación docente debería articularse con la creación de una oferta

---

[2] "Lagunas cualitativas" es el término usado en los documentos internacionales, especialmente de la OECD, para nombrar a aquellas especialidades en donde existe insuficiencia de docentes titulados.

de formación técnico-profesional acorde con los contextos productivos locales.

• Considerar los problemas de centralismo que puedan surgir y crear políticas de becas específicas para personas de poblaciones alejadas de la oferta disponible, con espacios para tramos de formación a distancia y en los centros locales.

• Articular estrategias para orientar la demanda. Por ejemplo, publicar cada año información sobre las necesidades del sistema educativo que surjan del diagnóstico continuo, destinada a los jóvenes que estén tomando decisiones sobre sus alternativas profesionales futuras.

Opción 16 (Esencia) - Implementar un programa de fortalecimiento integral de los IFD

Los lineamientos federales y las políticas nacionales para el fortalecimiento de los IFD podrían ser potenciados por iniciativas provinciales:

• **Nombrar a los docentes de los IFD por cargo.** Al igual que en las escuelas de nivel medio, la asignación del trabajo docente por hora/cátedra repercute negativamente en la profesionalización de la tarea, ya que no se contemplan tiempos de reunión con colegas y alumnos, o para planificación o estudio. De allí que se debería analizar la posibilidad de redefinir la forma de contratación de los docentes del nivel de educación superior, mediante el nombramiento de docentes por cargo, con horas destinadas a la consulta de alumnos, a la investigación y al trabajo directo con escuelas.

• **Crear un programa de profesionalización para formadores de docentes.** Si se desea elevar la calidad de los

docentes del sistema, la formación de los formadores debería convertirse en un eje central de la política educativa, para lo cual se debería crear un programa permanente de fortalecimiento de los docentes de los IFD.
Los gobiernos provinciales deberían dar el impulso necesario para que las iniciativas nacionales escalen en sus territorios, a través de financiamiento para becas de posgrado o para viajes de intercambio a otras provincias y al exterior, o mediante tutorías para programas de formación a distancia a través de equipos provinciales o de convenios con universidades locales.

- **Incluir dentro de los planes de infraestructura la construcción de edificios propios para los institutos de formación docente.** En varias jurisdicciones, la mayoría de los institutos de formación docente funcionan durante el turno vespertino en edificios compartidos con escuelas de nivel inicial, primario o medio. Esto tiene serias consecuencias para la dinámica institucional, la identidad de los formadores de docentes y las experiencias formativas de los estudiantes, quienes no tienen un espacio físico para reunirse, estudiar o desarrollar las actividades propias de los estudiantes del nivel superior, además de bibliotecas donde consultar bibliografía fuera del "horario de clase". Por eso, debería contemplarse la posibilidad de construir edificios propios para los institutos de formación docente y ubicados en lugares estratégicos de cada provincia.

- **Crear un programa provincial de fortalecimiento de la formación docente.** En forma complementaria, podría crearse un programa de fortalecimiento de los IFD que, a través de proyectos presentados por las instituciones, financien estrategias para potenciarlos, como la elaboración de diagnósticos y la implementación de acciones para la integración curricular, potencien la articulación entre la teoría y la práctica, fomenten la supervisión en la práctica profesional, afiancen las relaciones con las escuelas asociadas, etc.[3]

Opción 17 (Esencia) - Fortalecer la práctica docente como un eje central de la formación inicial a través de la selección, formación y reconocimiento de docentes mentores en las escuelas

Una de las características que debe tener una formación docente de calidad es la centralidad de la práctica en la escuela. Las investigaciones muestran que los docentes que se formaron a través de cursos teóricos tienen grandes dificultades para aplicar lo aprendido una vez que ingresan a la docencia (Darling-Hammond, 2006; Vaillant, 2005).

En muchos casos, los nuevos docentes se enfrentan con una realidad abrumadora y, ante su débil formación, retoman las viejas concepciones de la enseñanza que experimentaron ellos mismos como alumnos del sistema educativo. Los nuevos diseños curriculares presentan un claro avance para mejorar la formación en la práctica profesional de los docentes; se la incorpora desde el primer año y se recomienda realizarla en escuelas de diversas características y organizaciones sociales comunitarias.

Sin embargo, en las escuelas y en los IFD aún no existen las condiciones institucionales para que la formación mediante la práctica profesional sea un verdadero espacio de aprendizaje para los estudiantes. A continuación se proponen dos acciones que ayudarían en este sentido.

---

[3] Chile implementó el Programa de Fortalecimiento de la Formación Inicial Docente (FFID) y el Programa de Mejoramiento de la Calidad de la Educación Superior (MECESUP), con concurso de proyectos de mejora a ser financiados con fondos públicos (Avalos, 1999a; Morduchowicz y Louzano, 2011).

- **Crear el cargo de docente formador en las escuelas para que acompañe a los estudiantes en el desarrollo de las prácticas profesionales.** Los docentes que reciben a los practicantes y residentes en sus clases son seleccionados sobre la base de su buena voluntad, no de sus conocimientos y competencias, para participar de la formación de los futuros docentes. Y, en muchos casos, esta buena voluntad se reduce simplemente a "prestar el curso", mientras ese tiempo es aprovechado para planificaciones, correcciones, etc.

    Los gobiernos provinciales podrían institucionalizar el rol del docente formador (Resolución 30/07 del CFE) como un paso hacia una profesión docente con creciente especialización.[4] Para ello, podría diseñarse un proceso de selección de candidatos, con la participación del director de escuela y de los responsables del área de práctica del IFD que corresponda. Estos docentes deberían ser los más destacados de las escuelas.

    En este marco sería importante realizar cursos de formación específica para docentes coformadores, y analizar la posibilidad de otorgar una remuneración diferencial, dado que ejercerían un rol adicional dentro del sistema educativo.[5]

- **Seleccionar las escuelas más destacadas como espacios privilegiados de formación en la práctica profesional.** Los

---

[4] La posibilidad de que los mejores docentes se conviertan en "formadores" de colegas es una realidad creciente en los sistemas educativos del mundo. Por ejemplo, en Quebec, Canadá, los maestros que tienen experiencia pueden ser mentores de los estudiantes de pedagogía. Los mentores reciben un sueldo adicional por ejercer esa labor o una reducción de las responsabilidades docentes en el aula (OCDE, 2011c).

[5] Este pago diferencial no se enmarcaría en las propuestas de política que buscan remunerar a los docentes según su desempeño, sino que respondería a un rol distinto, con mayores responsabilidades, tal como sucede con los directores de escuela.

futuros docentes deben conocer instituciones de diversas características y contextos. Pero también es fundamental que conozcan buenas escuelas. Así como es necesario desnaturalizar prácticas docentes tradicionales, es clave promover los saberes de las escuelas más potentes e innovadoras. Con el apoyo de la supervisión, los IFD deberían poder conocer escuelas que logran buenos resultados de inclusión y calidad, para que todos sus estudiantes conozcan cómo funcionan. Esta sería una estrategia para revalorizar el saber de las escuelas y de los docentes.[6]

Opción 18 (Idea) - Crear un programa de acompañamiento a docentes noveles

Todos los nuevos docentes deberían participar de un programa de acompañamiento a docentes noveles. La especificidad de esta etapa de la vida profesional docente requiere de un acompañamiento basado en el trabajo colaborativo entre pares. Es fundamental desarrollar un estilo profesional propio y disminuir los efectos negativos que el "choque con la práctica" puede producir.

Los "Lineamientos Nacionales para la Formación Docente Continua y el Desarrollo Profesional Docente", aprobados por la Res. CFE N° 30/07, establecen criterios y recomendaciones para la aplicación de un dispositivo de acompañamiento a docentes noveles. En este marco, las provincias podrían crear una red de docentes mentores y docentes noveles, a través de la cual

---

[6] En muchos países, las prácticas de los futuros docentes se realizan en escuelas específicas asociadas a las instituciones formadoras. En Singapur, Finlandia y Holanda, por ejemplo, las escuelas que reciben a los estudiantes son las mejores escuelas, cuentan con recursos adicionales para llevar a cabo investigaciones pedagógicas junto con las universidades y poseen docentes especialmente entrenados para oficiar de tutores (Darling-Hammond y Lieberman, 2012).

participaran en instancias de capacitación e intercambio permanente. De implementarse la Opción 17 de creación del docente formador, estos docentes también deberían –además de formar a los estudiantes en las prácticas– participar como mentores de docentes noveles.

Opción 19 (Esencia) - Crear un examen de finalización de la formación docente

En la gran mayoría de los países, la titulación final de la docencia depende de un examen para acreditar la adquisición de los conocimientos fundamentales. Esto fortalece el prestigio de la profesión y la calidad de todos los docentes que lo aprueban.[7] Dado que es una definición compleja, aquí se definen algunas características esenciales para aclarar qué tipo de examen se postula.

- Debería tratarse de un examen integral muy sólidamente diseñado, que no mida simplemente conocimientos fundamentales sino competencias y resolución de situaciones dilemáticas en diferentes ámbitos de la docencia. La calidad del diseño del examen es determinante para

---

[7] Muchos de los sistemas educativos con mejores logros en términos de calidad y equidad tienen algún sistema de evaluación con parámetros comunes: en Finlandia y en Cuba, se realiza al ingresar a la formación docente; en Singapur, los estudiantes de las programas de formación docente deben estar en el tercio superior con respecto a las calificaciones académicas del secundario; en Francia existe un examen de certificación al finalizar los estudios de profesorado, y en Inglaterra se aplican evaluaciones tanto al ingreso de la formación docente como al egreso (Frelat-Kahn, 2003; OCDE, 2013; Wang, Coleman, Coley y Phelps, 2003). El caso de Estados Unidos es interesante porque por su federalismo y sus 1.200 instituciones formadoras es el que más se acerca a la realidad argentina. En 2009 se creó el Nuevo Consorcio Interestatal para la Evaluación y Apoyo Docente (INSTASC por sus siglas en inglés), que orienta el diseño de los programas de formación y es el marco en el que más de 20 Estados están colaborando en la elaboración de un examen de certificación (Darling-Hammond y Lieberman, 2012).

aprovechar esta instancia en el camino hacia la mejora sustantiva de la futura docencia.

- Los criterios a incluir en el examen deberían vincularse con el perfil del docente al que se aspira: con conocimientos disciplinares y pedagógicos sólidos; manejo de las TIC; criterios de inclusión y justicia ante la diversidad de contextos y alumnos; capacidad de reflexión sobre la práctica, innovación y mejora, y trabajo colaborativo en equipo, entre otras variables.

- Como se trata de una política transformadora, es necesario contar con una amplia base de consensos que permita su aplicación sin resistencias. Para ello, se sugiere abrir una discusión democrática y especializada sobre la docencia del futuro, y diseñar un examen con la participación de diversos expertos, sindicatos y referentes de las instituciones formadoras provenientes de diferentes contextos.

- El examen puede ser aplicado por los propios IFD, pero debería ser diseñado en una instancia central (nacional o provincial), que fijara claramente los parámetros y las metodologías de medición. De esta manera, los resultados serían equiparables y validados más allá de la institución formadora.

- El examen es una oportunidad para fortalecer los procesos de revisión curricular y organizativa de los IFD (Opción 16). Puede ayudar a fijar más claramente el perfil del docente y las metas de su formación. Por eso, es importante articularlo con las restantes opciones de política, para impulsar una revisión estructural de la formación docente.

Eje temático 2.
Carrera docente

Opción 20 (Esencia) - Creación de una carrera docente horizontal

La carrera docente está estructurada para desarrollarse exclusivamente a través del acceso vertical a cargos jerárquicos que dejan sin posibilidad de retornar al aula. Esta situación convive con una visión tradicional del sistema-aula, rígida y ajena a la diversidad de experiencias culturales y pedagógicas que deberían desarrollarse en las escuelas, y a la creciente especialización que la profesión docente requiere.

Es fundamental aclarar el objetivo de esta opción, porque la carrera horizontal se utilizó con diferentes enfoques en los países de la región durante las décadas pasadas.[8] Aquí no se propone que "los mejores docentes van a recibir un mayor salario".[9] Dicha política sería fuente de tensiones y no fomentaría la ética de la colaboración basada en motivaciones intrínsecas.

La carrera horizontal debe ser pensada como una posibilidad de especialización y/o como una posibilidad de diversificar funciones y experiencias docentes. Su diseño es una tarea compleja y es necesario definir las siguientes cuestiones:

---

[8] En México, por ejemplo, simplemente se le paga un adicional salarial a los docentes que participan de cursos de capacitación, como si la mera participación en ellos garantizara mayores competencias profesionales. En Chile, en cambio, además de un adicional salarial, desde 2007 se aplica una versión más elaborada, en la que se evalúa a los docentes y, aquellos que destacan, se convierten en "maestros de maestros", profesionales que contribuyen al desarrollo profesional de otros docentes.

[9] Coincidimos con lo planteado por la Resolución 30 de 2007 del CFE: "La experiencia de los 90 enseña la necesidad de preservar de los debates sobre la carrera docente y la formación de los asuntos que son intrínsecos a la tradición del trabajo docente, como la estabilidad en el puesto de trabajo o el principio de igual remuneración por igual tarea" (pág. 9).

- **Los nuevos cargos.** Por ejemplo: maestro comunitario, promotor cultural; mentor de docentes noveles y de prácticas de los estudiantes del profesorado; coordinador de políticas sociales; coordinador de las actividades de capacitación docente; coordinador de ciclo o de departamento; referente de tecnologías educativas, etc. Estas definiciones tienen un correlato presupuestario y deberían fijarse sobre la base de prioridades ancladas en un claro diagnóstico de los desafíos educativos.

- **Los requisitos para acceder a los nuevos cargos.** En articulación con las alternativas de formación docente continua (véase Opción de política 27), algunos de los cargos que entran en la carrera horizontal podrían contar con ciertos requisitos de especialización. Incluso, en caso de aplicarse un sistema de evaluación docente, podría plantearse la necesidad de que quienes accedan a funciones deban acreditar conocimientos y competencias específicas (véase Opción 21).

- **Los casos en que las nuevas funciones merezcan un salario diferenciado**. Algunos cargos suponen mayores niveles de conocimientos y responsabilidades (por ejemplo, los docentes mentores), por lo cual estarían en condiciones de obtener una remuneración diferenciada. Tal como ya se planteó, dicha remuneración diferenciada no debería ser concebida como un premio o incentivo por el mejor desempeño o mayor capacitación, sino como una retribución por las nuevas responsabilidades asumidas.

- **Los cargos de asignación temporaria y definitiva.** En algunos casos, sobre todo cuando se requiere una fuerte formación especializada como la de los docentes "alfabetizadores" o "especialistas TIC", quizás sea pertinente asignar funciones diferenciadas con estabilidad. En otros casos, en cambio (como los de los "promotores culturales"), quizás resulte más enriquecedor que sean funciones temporarias, que permitan a los docentes volver al aula renovados de conocimientos y experiencias.

Opción 21 (Esencia) - Reformulación de la evaluación docente para que se convierta en un instrumento de mejora profesional

La evaluación del trabajo docente por parte de los directivos, mediante el "Cuaderno de actuación profesional" y la "Hoja de concepto", fue cayendo en un progresivo descrédito hasta convertirse en un mero requisito formal. La laxitud de los criterios de evaluación se sumó a la familiaridad que une a docentes y directivos, y a la ausencia de instancias de evaluación complementarias (autoevaluación, evaluaciones grupales), y juntos socavaron la construcción de cierto marco profesional de reflexión sobre la práctica. Los actores despliegan diversas estrategias de negociación informal que neutralizan los efectos del sistema de evaluación vigente, hasta convertirlo en una herramienta burocrática que no promueve la reflexión pedagógica ni informa al Estado sobre los logros y desafíos pendientes (Batallán, 2007).

Esta es una temática sensible en términos políticos, pero clave para diagnosticar problemas pedagógicos y potenciar la legitimidad y el prestigio docente. Para darle sentido a la política, sería necesario aclarar los propósitos de la evaluación, identificándola como un proceso de reflexión sobre la práctica, en lugar de una instancia de juicio que define incentivos salariales o atemoriza con sanciones.

Además, debe ser lo suficientemente sencilla de aplicar, con costos y complejidad técnica viables, que favorezcan la sustentabilidad de la política. En este sentido, podría pensarse en dos tipos de evaluación de los docentes:

- **Una masiva, integral y cualitativa diseñada de forma centralizada a través de un proceso participativo, pero implementada por directores y docentes en forma descentralizada**. Esta evaluación debe basarse en una clara conceptualización del perfil docente esperado y presentar una metodología sistemática para garantizar criterios y procesos comunes. Su principal objetivo debe ser el fortalecimiento de la reflexión docente e institucional. Podría realizarse sin consecuencia alguna en la carrera docente, al menos en una primera fase de transición, para concentrar la evaluación en la mejora y no mezclarla con ningún factor que pueda entorpecer la absoluta honestidad del diagnóstico.

- **Una instancia voluntaria de acreditación de competencias docentes, con alta vinculación con la carrera horizontal**. Esta instancia, al no ser masiva, puede plantearse como una evaluación profunda e integral de las competencias, conocimientos y actitudes de los docentes en forma centralizada.

El interés por la evaluación de los docentes creció significativamente en las últimas décadas, pero desde diferentes concepciones teóricas, objetivos y consecuencias. En la región, varios países implementaron sistemas de evaluación docente (Isoré, 2010). Un caso especialmente interesante es el de Cuba, donde la evaluación se rige por un principio democrático: participan de ella los alumnos, el docente, el rector, el sindicato y los maestros de mayor prestigio profesional. Los mejores docentes pueden acceder a becas de estudio y tienen una bonificación salarial. Los que obtienen bajos resultados, se deben recalificar en universidades pedagógicas sin dejar sus funciones.[10]

---

[10] Chile es otro ejemplo regional interesante: los docentes son evaluados cada cuatro años (o al año siguiente si obtuvieron resultados no satisfactorios), a través de entrevistas, portfolios e informes. Quienes obtienen como resultado

Opción 22 (Idea) - Modificar el sistema de puntaje en la carrera docente que defina un claro perfil del docente como agente de conocimiento

El sistema de puntaje de la carrera docente es una gran polea pedagógica. Al establecer incentivos materiales y laborales concretos, orienta la trayectoria docente y sus relaciones con la enseñanza, el conocimiento y la cultura. En la amplia mayoría de las provincias, el puntaje está definido a partir del Estatuto del Docente como un esquema basado en la antigüedad y en la capacitación de corto plazo que, en muchos casos, incluso tiene más valor proporcional que la formación de grado y posgrado universitaria (Coria y Mezzadra, 2013).

Modificar el sistema de puntaje de la carrera docente es un desafío central de la política educativa que requiere amplios consensos. En esta dirección, se sugieren los siguientes criterios.

- Priorizar la formación en instituciones prestigiosas y en trayectorias de largo alcance, especialmente las licenciaturas, maestrías y doctorados. Esta formación debería tener mayor valor del que actualmente se refleja en los sistemas de puntaje. Un ejemplo específico (vinculado con la Opción 27) sería valorar proporcionalmente más los postítulos y posgrados que los cursos cortos y aislados.

- Mantener el valor de la antigüedad en el puntaje docente, aunque limitarlo hasta los 15 años de trayectoria. La

---

"Destacado" o "Competente" quedan habilitados para postularse a la Asignación Variable de Desempeño Individual (AVDI), a la que se accede a través de una prueba adicional de conocimientos. Quienes obtienen "Básico" e "Insatisfactorio", deben participar de Planes de Superación Profesional, que son gratuitos. De volver a obtener el mismo resultado, debe abandonar la dotación docente.

discusión sobre el valor de la antigüedad en la labor docente no está saldada. Sin embargo, hay más consensos acerca de la etapa profesional en la que existe mayor impacto de la experiencia docente: desde los 6 a los 15 años. Luego de esta etapa, a la antigüedad se le podría asignar un menor valor en el puntaje docente.

- Valorar con mayor puntaje la antigüedad en una misma escuela, dado que es un factor fundamental para potenciar la continuidad de equipos y del trabajo pedagógico frente al mismo grupo de alumnos.

- En la misma dirección, debería aumentarse el valor del puntaje de las capacitaciones realizadas en equipo y centradas en la institución escolar de referencia.

- Fomentar el puntaje de otras experiencias profesionales vinculadas con las artes, las ciencias y la cultura, para atraer a la docencia a científicos, artistas y referentes del mundo cultural.

Opción 23 (Esencia) - Reformar el sistema de acceso a los cargos docentes

Una política que podría tener mayor impacto que la anterior es la reforma del sistema de acceso a los cargos docentes, para dejar de considerar el puntaje como el único indicador de las competencias docentes.

El sistema de acceso a los cargos docentes a través de listados de antecedentes tiene la ventaja de que es objetivo. Pero no logra evaluar integralmente a cada docente de acuerdo con las necesidades de cada escuela y contexto. Los listados de antecedentes se basan en un sistema de puntaje que evalúa títulos, antigüedad y participación en instancias de formación continua, pero no estima ni actitudes, ni competencias comunicacionales, ni prácticas o conocimientos adquiridos.

En el marco de un acuerdo con los sindicatos docentes, podría modificarse el sistema de acceso a los cargos a través un esquema que combinara la objetividad de los listados de mérito con la posibilidad de realizar una evaluación más comprehensiva de los postulantes. Podrían diseñarse concursos con dos etapas.

La primera, centralizada, que armara los listados de mérito sobre la base de los antecedentes o, incluso, incluyera un examen que diera cuenta de los conocimientos teóricos de los candidatos sobre currículum, contenidos disciplinarios, pedagogía, didáctica, sujetos de aprendizajes, contextos escolares, etc. (esta instancia podría articularse con la Opción 19, que propone crear un examen de finalización de la formación docente inicial).

La segunda, descentralizada, ya sea por distritos o regiones escolares, o directamente por escuelas, donde se evaluaran las competencias y actitudes de los docentes, más difíciles de aprehender en un examen masivo. En caso de que la evaluación de los candidatos se realizara en las escuelas, por ejemplo, podría crearse una comisión compuesta por el director, un docente elegido por sus pares y el supervisor. Esta comisión evaluaría entre tres a cinco candidatos del listado de orden de mérito. Los candidatos podrían ser evaluados a través de:

a) Una entrevista.
b) La planificación de una unidad didáctica.
c) Una clase frente a un grupo de alumnos (observada por la comisión evaluadora).
d) La reflexión sobre esa clase.

Este proceso de acceso a los cargos no solo mejoraría el sistema de adjudicación de plazas docentes, sino que también transformaría todo el sistema de incentivos de capacitación docente actual, que se basa en los puntos que otorgan las ofertas disponibles. Si bien en los últimos años se hicieron esfuerzos importantes para mejorar la evaluación y la calidad de las ofertas de capacitación, lo cierto es que todavía no se logró transformar el sistema de formación docente continua y de desarrollo profesional, para que sea un motor de mejora educativa sistémica.[11]

Eje temático 3.
Conducción del sistema educativo y las escuelas

Opción 24 (Esencia) - Trayecto de formación para directivos y supervisores de escuelas

La bibliografía internacional indica con amplia coincidencia que la formación de los directivos de escuelas es un aspecto clave para los logros educativos (Leithwood, Seashore Louis, Anderson y Wahlstrom, 2004; LLECE-UNESCO, 2008). La creación de un buen clima de trabajo, centrado en los aspectos pedagógicos y en una constante motivación para la innovación y la calidad de la enseñanza son dimensiones que están muy condicionadas por el liderazgo de los directivos.

Sin embargo, los trayectos específicos de formación de capacidades de conducción educativa son escasos. La mayoría de las provincias no tiene una formación concreta para sus cuadros directivos y tampoco existen redes a nivel nacional de capacitación de los agentes de conducción del sistema educativo.[12]

---

[11] A este tipo de proceso de evaluación para seleccionar a los docentes, que combina una etapa centralizada con exámenes y otra descentralizada con entrevistas y observaciones de clase, se lo puede encontrar en varios países como España, Corea del Sur, Chile o Colombia (Hobson, Ashby, McIntyre y Malderez, 2010).

[12] El caso de la provincia de Córdoba es un ejemplo en este sentido, con la creación de un postítulo de gestión educativa, organizado por el propio Ministerio de Educación. Entre Ríos y Chubut han iniciado procesos similares. En el ámbito internacional, existen varios ejemplos, entre ellos el reciente caso de República Dominicana, con la Escuela de Directores.

Una opción para superar este diagnóstico es crear un trayecto de formación específico para directivos y supervisores de escuelas. Esta formación podría ser optativa u obligatoria para todos los aspirantes a cargos directivos, o incorporada como parte de los concursos de ascenso a cargos jerárquicos.

La creación de un trayecto de formación para directivos y supervisores podría tener componentes específicos para los aspirantes a los cargos y para los que ya los ocupan. Podría realizarse también mediante acuerdos con universidades o instituciones formadoras, con la coordinación global del Ministerio de Educación. La creación de convenios que complementen la perspectiva académica y las necesidades específicas del sistema educativo es clave para lograr una instancia de formación sólida, rigurosa y basada en la práctica y el diagnóstico concreto de las escuelas.

El trayecto de formación podría ser un postítulo de un año, con materias que combinaran teoría y práctica, trabajo en equipo y en territorio. Un diseño de calidad podría generar una mejora sustantiva en el liderazgo pedagógico del sistema. Incluso, podría crearse una institución específica para la formación de directivos y supervisores, que adquiriera una base de saberes, experiencias y expertos, institucionalizada en el tiempo, capaz de escapar a las presiones de corto plazo.

Opción 25 (Idea) - Nuevo sistema de acceso a cargos directivos

En la Argentina, se accede a un cargo directivo en una escuela a través de un concurso de antecedentes y oposición, regulado en forma similar por los diferentes estatutos provinciales. Durante los últimos años apareció en algunas provincias una tendencia creciente a añadir mejoras en estos concursos, como la incorporación de instancias de formación inicial y la evaluación de prácticas en las escuelas (Mezzadra y Bilbao, 2011).[13]

Los gobiernos provinciales podrían fortalecer estas iniciativas si introdujeran cambios más estructurales con los concursos de acceso a los cargos directivos:

- Podrían organizarse concursos para cada escuela en particular, para poder evaluar en forma contextualizada a los candidatos. Los docentes aspirantes al cargo de director, en particular, podrían ser organizados por orden de mérito para elaborar un diagnóstico y un proyecto educativo específico para cada escuela. Este sistema no solo permitiría asegurarse de que los candidatos realmente desean desempeñarse en la institución en cuestión, sino también evaluar una de las competencias más importantes que un director de escuela debe tener: saber leer el contexto, realizar un diagnóstico pertinente y proponer estrategias adecuadas para mejorar las problemáticas detectadas.

- Las entrevistas personales podrían ser complementadas con actividades relacionadas con el rol directivo. Por ejemplo, elaborar un proyecto, observar una clase y darle una devolución al docente o analizar planificaciones, o incluso realizar residencias cortas, de un par de semanas cada una.

Para avanzar en esta dirección es clave fortalecer las competencias evaluadoras de los jurados. Podría elaborarse un manual que explicitara los lineamientos que definen a un buen director de escuela, los criterios que deben ser tomados en

---

[13] Jujuy, Mendoza, San Luis y Misiones son algunas de las provincias que ejemplifican esta tendencia (Mezzadra y Bilbao, 2011).

cuenta para la selección, y las evidencias a ser consideradas en este proceso. Además, podrían organizarse instancias de formación para los miembros de los jurados.

Opción 26 (Idea) - Lineamientos para la gestión pedagógica institucional

Una de las primeras dificultades del proceso de selección y evaluación (externa y autoevaluación) de directores escolares en la Argentina es la ausencia de un documento marco que establezca los parámetros de lo que se considera ser un buen director escolar. Históricamente, el rol del director estaba centrado en interpretar y aplicar las regulaciones y disposiciones de la administración central. En la actualidad, en cambio, la creciente complejidad de los contextos escolares requiere respuestas específicas a problemáticas diversas.

En la revisión de la bibliografía internacional aparece un amplio consenso sobre lo que es un buen director de escuela: es un líder que potencia procesos pedagógicos, construye comunidades de práctica profesional, articula esfuerzos, gestiona recursos, media en conflictos y define estrategias de mejora, entre otras cuestiones.

En este contexto, establecer las nuevas funciones del director y los parámetros de lo que significa "una buena gestión pedagógica institucional" es una de las primeras políticas que deberían considerarse. Algunos criterios centrales en este camino son: a) definir las prácticas de un buen director, sin especificar competencias o conocimiento; b) considerar las dimensiones políticas, sociales y organizacionales del contexto en donde los directores se desempeñan; c) reflejar la naturaleza distributiva del buen liderazgo escolar, y d) ser lo suficientemente amplio y flexible como para no empobrecer la definición del rol de los directivos de escuela e incorporar la multiplicidad de contextos de las escuelas (Ingvarson, 2006).

POLÍTICAS PARA LA DOCENCIA

Eje temático 4.
Formación continua

En la bibliografía internacional, hay ciertos acuerdos en que la asistencia a cursos de capacitación aislados, sin articulación con otras políticas para la docencia, no modifica la forma de reflexionar acerca del trabajo ni mejora la enseñanza (Vaillant, 2004). Sin embargo, en la Argentina (al igual que en el resto de América Latina), este es el principal dispositivo de capacitación docente utilizado (Consejo Federal de Cultura y Educación, Resolución 241/05; Coria y Mezzadra, 2013; Serra, 2004).

Pese a recientes reformas en algunas provincias, la capacitación docente sigue siendo un gran mercado; los cursos son mercancías cuyo valor se traduce en el puntaje, y no necesariamente en la formación. De hecho, como ya se mencionó en la Opción 22, la carrera docente está organizada a partir de un sistema de puntaje que se basa sobre todo en la antigüedad y la asistencia a cursos de capacitación.

Los lineamientos del CFE (Resolución 30/07) comulgan con la idea de que la formación continua debe ser entendida como un proceso a largo plazo, en articulación con las condiciones laborales y la carrera docente. No hay un modelo único para avanzar en esta dirección, sino diversas combinaciones, de las cuales deben primar aquellas modalidades centradas en contextos concretos, para transformar a las escuelas en comunidades de aprendizaje y reflexión sobre su propia práctica. En esta dirección, se presentan algunas opciones de política para fortalecer la formación continua y el desarrollo profesional de los docentes.

Opción 27 (Base) - Crear postítulos de especialización y combinarlos con una carrera docente horizontal

La formación de los docentes en ejercicio debe centrarse en fortalecer especializaciones prioritarias de acuerdo con los problemas de las escuelas y los objetivos de la política educativa, tanto en relación con las diferentes funciones que existen o que puedan crearse dentro del sistema educativo (gestión escolar, maestros tutores, maestros comunitarios, etc.) como en relación con las distintas modalidades (educación de adultos, rural, en contextos de encierro, etc.), especialidades disciplinarias o en áreas específicas (lectoescritura, culturas juveniles, nuevas tecnologías y medios, etc.).

Para ello, las provincias podrían impulsar la creación de los postítulos basados en el "Marco Regulatorio Federal para Postítulos Docentes" (Resolución 117/10). Su implementación, en particular el de especialización docente de nivel superior, cobraría mayor importancia si se la combinara con una carrera docente horizontal, con cargos especializados dentro y fuera del aula (Opción 20). Esta política podría potenciarse a través de:

- **Un programa de becas de estudios de posgrado para docentes.** Una de las principales dificultades de los docentes para cursar programas de posgrado es la falta de tiempo. En este sentido, podrían crearse becas de estudio para que los docentes con intereses específicos de profesionalización puedan disminuir su carga de trabajo y dedicar mayor tiempo al estudio y la investigación. El objetivo es que los docentes se conviertan en referentes dentro de sus escuelas o, incluso, en capacitadores, dado que uno de los principales problemas de la profesionalización de los docentes en algunas provincias es la insuficiencia de profesionales idóneos para coordinar acciones de formación continua.
- **La implementación de ofertas mixtas (presenciales y virtuales) para llegar a todo el territorio provincial sin perder las ventajas de la presencia.** Los postítulos podrían incluir dispositivos virtuales que permitieran la participación de docentes de todo el territorio provin-

POLÍTICAS PARA LA DOCENCIA

cial. Incluso, el propio programa debería poder contar con inscriptos que participen *in situ* de las instancias presenciales e inscriptos que participen a distancia, escuchando las ponencias por videoconferencias o videos grabados previamente, y enviando preguntas y comentarios por medio de una plataforma. También podría fomentarse que docentes del interior de la provincia se reúnan en determinados puntos para mirar las presentaciones (ya sean conferencias de expertos, clases filmadas, etc.).

- **Incluir instancias de estudio y producción colectivas.** Es importante que los postítulos fomenten el trabajo entre dos o más docentes. Esta modalidad ayuda a seguir el ritmo de los estudios, sobre todo para quienes participan de espacios virtuales, y fomenta el trabajo en equipo. Para incentivar esta modalidad de trabajo podría requerirse, en los casos en que se considere pertinente, la inscripción de dos o más docentes de la institución o del departamento.[14]

Opción 28 (Idea) - Implementar un programa de profesionalización docente basado en la escuela

Uno de los principales consensos con respecto a la formación de los docentes en ejercicio se refiere a la importancia de que esta se centre en las necesidades prácticas de los docentes en el aula (Terigi, 2006). Por eso, en los Lineamientos Nacionales para la Formación Docente Continua y para el Desarrollo Profesional se plantea que ella debe desarrollarse principalmente en los espacios concretos de desempeño docente.

---

[14] Tal es el caso de algunos de los postítulos ofrecidos por el INFD, que exigen la participación de al menos dos profesores del IFD.

Este marco ofrece posibilidades de participar de instancias de formación encuadradas en diagnósticos institucionales, con objetivos concretos y prácticas constantes: observación, filmación y análisis críticos de clases, reflexiones sobre las clases de los docentes. Las siguientes son algunas de las estrategias posibles:

- Crear o impulsar centros de capacitación y de apoyo a las escuelas, ubicados en IFD, universidades o regionales de supervisión.[15] Estos centros deberían contar con una infraestructura y personal básico; biblioteca, fonoteca y videoteca; equipo multimedia y de recepción de señal de Internet, y áreas de trabajo individual y colectivo. Los centros podrían coordinar las acciones de capacitación que proponen las escuelas y los supervisores, y solicitar las capacitaciones demandadas a instituciones especializadas (IFD o universidades).

- Establecer un programa de profesionalización entre pares en contextos urbanos o rurales.[16] Por ejemplo, un grupo de docentes podría reunirse cada dos meses para analizar los problemas de la enseñanza, actualizarse, planificar conjuntamente las lecciones, etc.

---

[15] Dos ejemplos de espacios de apoyo a las escuelas son los Centros de Investigación Educativa de la Provincia de Buenos Aires y los Centros de Docentes de la Ciudad de Buenos Aires. En México también se crearon Centros de Maestros como espacios de apoyo a los docentes (PREAL, 2000). En España, los Centros de Profesores (CEP), creados en 1984, están distribuidos en cada comuna y tienen autonomía para organizar la formación permanente en su zona (Vezub, 2005). En la Argentina, los Centros de Actualización e Innovación Educativa (CAIE) son un claro ejemplo de este tipo de espacios.

[16] Se realizaron algunas experiencias de este tipo en América Latina. En Chile, se crearon microcentros rurales que reúnen periódicamente entre 8 y 12 docentes para colaborar en el diseño y mejoramiento de la enseñanza, intercambiar experiencias y actualizarse (véase Ávalos, 1999b). Otro caso relevante es el de los microcentros docentes en Colombia (Vezub, 2005).

- Incluir dentro del horario escolar tiempo institucional para el trabajo en equipo entre los docentes. Una de las mayores limitaciones para realizar actividades de desarrollo profesional y una causa principal de los problemas de estrés laboral docente es la cuasi ausencia de tiempo de reflexión, planificación y discusión con pares durante la jornada laboral del docente (especialmente en el nivel secundario).

- Dado que la formación continua basada en la escuela es de aplicación compleja a gran escala, podría identificarse a las escuelas más críticas en términos de logros de aprendizaje y trayectorias educativas para priorizar una capacitación situada intensiva, ya sea por parte de los IFD, de las universidades o del Ministerio de Educación.[17]

Estas líneas deberían articularse con las políticas de fortalecimiento del sistema formador, centrado en el vínculo entre los IFD y las escuelas. De hecho, en los últimos años el INFD financió proyectos de articulación donde los IFD junto con las escuelas trabajan en proyectos de investigación y desarrollo profesional.

Opción 29 (Idea) - Publicar cada principio de año la oferta de formación docente continua para todo el año

Para facilitar la planificación del desarrollo profesional de cada docente, podría organizarse a principio de cada ciclo lectivo toda la oferta de formación continua para ese año, con distinción de niveles, modalidades, especializaciones y zonas geográficas de alcance.

---

[17] El uso de la información educativa para identificar a las escuelas más críticas y destinar apoyo centrado en ellas es una práctica creciente en el mundo. Chile, Inglaterra y Estados Unidos son algunos ejemplos (Bellei, Cristián, Osses, Alejandra y Valenzuela, 2010).

Un buen ejemplo de este tipo de planificación y publicación es la Escuela de Capacitación Docente - Centro de Pedagogías de Anticipación (cepa) de la Ciudad de Buenos Aires, que publica en su página web la oferta disponible para todo el año en cada modalidad de capacitación (regular, intensiva, virtual), niveles y temas. Esto favorece la organización de cada escuela y de cada docente de forma personal, según sus prioridades y trayectos de formación continua.

Opción 30 (Idea) - Crear un programa de beneficios culturales para los docentes

Muchas veces, el trabajo docente queda aislado de los cambios profundos en las tecnologías de la información, las ciencias, las artes y la cultura. La carencia de consumos culturales y de bienes vinculados con el acceso y desarrollo de saberes (computadoras, acceso a Internet, biblioteca personal, etc.) son comunes en los docentes, sobre todo en los contextos más críticos y en las zonas más aisladas del país.

Frente a este panorama, son importantes las iniciativas que garanticen el acceso a bienes culturales y amplíen la riqueza simbólica del universo docente. La variedad de aproximaciones a la temática puede llevar a la fragmentación o duplicación de esfuerzos, por eso se recomienda crear un programa específico que agrupe distintas intervenciones posibles:

- Convenios con instituciones de la cultura para reducir las tarifas y dar acceso gratuito a distintos consumos culturales (museos, cines, teatro, etc.).

- Convenios con empresas y bancos para lograr planes de descuentos y cuotas para la compra de computadoras, tabletas digitales, libros electrónicos y otros bienes que favorecen el acceso al conocimiento por medios digitales.

POLÍTICAS PARA LA DOCENCIA

- Convenios con editoriales y librerías para establecer descuentos en libros y revistas para docentes.

- Estas iniciativas podrían agruparse en la creación de una tarjeta de beneficios culturales para docentes, que tuvieran un valor mensual asignado según la cantidad de horas en la docencia o por criterios de prioridad por zonas o tipos de docentes.[18]

Eje temático 5.
Condiciones laborales y salariales

Las condiciones de trabajo docente son un aspecto central del sistema educativo, que conecta los derechos laborales con el contexto de las prácticas pedagógicas. Una de sus dimensiones clave es la retribución monetaria por el trabajo realizado. Un buen salario docente no solo contribuye a garantizar la dignidad del trabajo, sino que además es un elemento esencial para que la docencia atraiga como alternativa profesional. En la Argentina, luego de un largo período de depreciación, hubo una recuperación reciente de los salarios, aunque con amplias desigualdades entre provincias.

Pero las condiciones laborales no se limitan al salario. Además, involucran el estado edilicio de las escuelas, la cantidad de alumnos en los cursos, la disponibilidad de materiales para

---

[18] La articulación de la política educativa con la política cultural de la provincia fue un eje importante de la primera gestión socialista de Santa Fe (2007-2011). En este marco, se llevó a cabo el Programa Mirada Maestra, con la intención de promover un mayor y mejor acceso de los educadores de todos los niveles al mundo de la cultura. El programa consistió en la entrega de un Pasaporte Cultural a cada docente para poder asistir de forma voluntaria y gratuita a diversos talleres, cursos, seminarios y espectáculos. El pasaporte ofrecía también descuentos en librerías, cines, bares y otros comercios.

la enseñanza, la estructuración del puesto de trabajo, el apoyo del Estado y otros profesionales para afrontar las problemáticas sociales, la cantidad de horas laborales o la dispersión institucional. A continuación se presentan algunas opciones de política para la mejora integral de estas condiciones.

Opción 31 (Idea) - Crear una comisión estable de análisis de las condiciones de trabajo de los docentes

En la mayoría de los casos, se realizan pocos relevamientos sobre los contextos de trabajo, las problemáticas de salud específicas de la docencia, situaciones de informalidad o precariedad (en el sector público o privado), ausentismo y tiempo real de trabajo (por exceso de tareas asistenciales o administrativas). Cuando se discuten estas cuestiones, junto con los salarios docentes, se generan constantes desacuerdos entre sindicatos y gobiernos, y se utiliza información poco rigurosa que conduce a diálogos de sordos y escasos avances en materia de política educativa.

Para establecer indicadores y parámetros objetivos sobre las condiciones laborales de los docentes, a fin de que orienten las políticas laborales y salariales, y objetiven las negociaciones con los sindicatos, podría crearse una comisión específica. Esta comisión podría:

- Estar formada con representantes de organizaciones sociales reconocidas, sindicatos, universidades y especialistas de diferentes disciplinas (economistas, sociólogos, pedagogos, etc.).

- Establecer parámetros sobre diferentes dimensiones de las condiciones laborales de los docentes (salarios, cantidad de alumnos por docente, transporte docente, bonificaciones, jornada laboral, entre otras).

- Contar con un presupuesto básico para poder elaborar informes técnicos y realizar investigaciones que sean fuente de consulta en las políticas y en los acuerdos con los sindicatos.

Opción 32 (Esencia) - Diseñar un esquema de pasaje progresivo hacia un sistema de cargos que reemplace la actual asignación por horas cátedra en el nivel secundario

Uno de los principales problemas de la educación secundaria es la estructura del puesto laboral de los profesores, que, al estar organizado sobre la base de asignación por horas cátedra, es un obstáculo para generar un compromiso más integral con cada escuela. Esta es una cuestión ampliamente conocida y se la plantea como uno de los principales desafíos de la educación secundaria en la Argentina (Resolución 84/09 del CFE). Algunas líneas de acción que podrían favorecer el proceso hacia un sistema de cargos son:

- La creación una comisión específica integrada por el Estado y los sindicatos que sea operativa y revise caso por caso para poder avanzar puntualmente en la unificación de cargos, con la definición de un esquema de transición que priorice algunas escuelas.

- La definición del tamaño ideal de la escuela secundaria, dado que esta es la variable fundamental para llegar a la estructura de cargos centrados en una misma escuela (escuelas más chicas, con menos cargos, etc.).

- La instalación de incentivos para que los docentes opten por concentrar sus horas. Por ejemplo, incrementar el puntaje de los docentes que ante igual cantidad de horas concentren más su trabajo en una misma escuela.

- Dar prioridad a los docentes que ya se desempeñan en la institución educativa para la designación de nuevas horas.[19]

Opción 33 (Idea) - Implementar una política integral para disminuir el ausentismo docente sin socavar los derechos laborales

El ausentismo de los docentes es una problemática que preocupa por el impacto sobre el presupuesto y sobre la continuidad pedagógica necesaria para garantizar el normal funcionamiento de las escuelas y lograr los aprendizajes fundamentales.

La bibliografía internacional muestra cómo los incentivos intrínsecos cumplen un rol fundamental en la asistencia docente. Los docentes con mejores competencias pedagógicas, que tienen una percepción de mayor impacto respecto de su propio trabajo (sienten que logran aprendizajes significativos en sus alumnos) y están comprometidos con la institución en donde enseñan, tienden a faltar menos. También, en las escuelas con un mejor clima escolar y un liderazgo pedagógico, los docentes faltan menos.

Se recomienda que las provincias implementen una estrategia integral para disminuir el ausentismo docente, que reconozca que la primera parte de la solución a la problemática es de formación de capacidades en los docentes. Esta política, además de medidas como el fortalecimiento de los sistemas de control, debería contar con otras cinco aristas complementarias:

---

[19] Varias provincias están caminando hacia la concentración de horas. En Corrientes, por ejemplo, en 2005 se implementó el "Proyecto de designación de profesores por cargo", que busca concentrar la actividad docente en una sola institución, como medio para fortalecer el sentido de pertenencia y ganar horas para el trabajo institucional. En la Ciudad de Buenos Aires se sancionó la Ley 2905 en 2008, inspirada en el proyecto 13, que crea cargos de tiempo completo (36 horas) y tiempo parcial (30, 34, 18 o 12 horas).

- **Fortalecer a los directores y supervisores de escuela**, a través del mejoramiento de los sistemas de acceso al cargo, de un proceso de formación sólida y de larga duración, así como de instancias de formación en servicio.
- **Mejorar los sistemas de gestión de los recursos humanos mediante el uso intensivo de un registro digitalizado de datos** (Opción 87). Esto permitiría afinar los diagnósticos respecto de las dimensiones y características del ausentismo para planificar estrategias contextualizadas.
- **Disminuir las barreras de asistencia.** Un alto porcentaje de docentes se ausenta por factores evitables. Para ello, se propone implementar acciones de prevención de la salud laboral docente, programas de ayuda a docentes con situaciones de ausentismo crónicas o con licencias médicas de larga duración, y cambios en el calendario escolar para zonas de muy difícil acceso.
- **Reducir el impacto pedagógico del ausentismo docente** a través de la disminución de días requeridos para el nombramiento de suplentes y del desarrollo de estrategias institucionales para aprovechar el tiempo escolar. Además, debería fortalecerse el trabajo de los docentes suplentes y proteger el primer año de la escuela primaria y secundaria, factor clave en la trayectoria escolar de los alumnos, con el nombramiento de los mejores docentes que, además, tengan una trayectoria con poco ausentismo.
- **Implementar procesos de fortalecimiento institucional integral en el caso de escuelas con altos niveles de ausentismo.** En la Argentina, un estudio realizado por CIPPEC en seis provincias (Mezzadra, 2011) mostró que la distribución del ausentismo presenta cierto nivel de concentración en algunos docentes y en ciertas escuelas, lo que indica la importancia de pensar en políticas específicas.

Es esencial contar con información sobre el nivel de ausentismo por establecimiento, identificar las escuelas en situación crítica e instaurar procesos de fortalecimiento institucional integral.

Opción 34 (Idea) - Red de apoyo para los docentes que trabajan en zonas desfavorables

Una consecuencia del modelo de distribución de los docentes entre las escuelas, definido por los estatutos del docente provinciales, es la derivación de los docentes noveles a las escuelas de contextos más críticos. En muchos casos, esto redunda en su pronto abandono, con la consecuente situación de recambios de suplencias y días sin clase. Dado que el sistema premia a los docentes de mayor puntaje (basado en la antigüedad y la capacitación, fundamentalmente) con la elección del lugar de trabajo, se constata que las escuelas de mejores contextos sociales se benefician con los docentes y directivos que tienen mejor formación y mayor experiencia.

Frente a este diagnóstico, la Ley de Educación Nacional estableció en su artículo 83 que los docentes de mayor formación y experiencia deberían trabajar en las escuelas más vulnerables. Se trata de una meta compleja y poco analizada en el terreno concreto de la implementación de políticas. Luego de haber estudiado la temática (Mezzadra, 2007), consideramos que los incentivos salariales no son el mecanismo más propicio para lograr esta meta, ya que los docentes deben tener la vocación de trabajar en contextos populares y, sobre todo, recibir el apoyo integral del Estado más que un salario diferencial.

En esta dirección, se propone planificar estrategias integrales, coherentes y secuenciadas para mejorar las condiciones de trabajo docente en las escuelas ubicadas en zonas desfavorecidas. Entre las acciones sugeridas, que se complementan y continúan con la Opción 35, se destacan las siguientes:

- Crear una red de apoyo para los docentes que trabajan en zonas desfavorables o con alumnos en riesgo educativo. Esto incluye reforzar el financiamiento educativo de las escuelas en contextos críticos con capacitación gratuita en servicio, más apoyo de la supervisión (con menos escuelas a cargo en contextos críticos) y programas específicos (como el PIIE a nivel nacional), capaces de organizar actividades de reflexión sobre la práctica y garantizar recursos para ampliar la experiencia de trabajo en sectores populares.

- Ampliar la cantidad de horas de clase de las escuelas (Opción 45) y generar horas institucionales pagas para que los docentes puedan atender la mayor complejidad de los problemas sociales en sus traducciones y continuidades pedagógicas.

- Potenciar la creación de equipos estables en las escuelas con grupos directivos que tengan un proyecto específico para cada contexto institucional, y que también cuenten con el apoyo de la comunidad docente en el proceso de llegada al cargo.

Opción 35 (Idea) - Redefinir los criterios para asignar bonificaciones salariales por zona desfavorable

En la Argentina existen históricamente bonificaciones salariales por el trabajo docente en zonas desfavorables. Sin embargo, tienden a ser incentivos desgastados, muchas veces alterados por la práctica, desconocidos o mal comunicados, desvinculados de otras acciones políticas y naturalizados como parte de un esquema que se sostiene en el tiempo.

Frente a este panorama, resulta pertinente evaluar y definir criterios más claros sobre el estado de la remuneración de los maestros, profesores y directivos que trabajan en escuelas en contextos desfavorables.[20] Es importante dejar bien claro si el criterio que define la bonificación es un incentivo salarial para atraer a los mejores docentes o se trata de un reconocimiento de los costos extra asociados al trabajo en ciertos contextos específicos.

Luego de estudiar la temática en investigaciones previas (Mezzadra, 2007), es recomendable basar la bonificación en el segundo criterio, como un beneficio específico asociado a la condición laboral. Si bien resulta imposible realizar un cálculo ajustado de los costos relacionados con la diversidad de situaciones de trabajo, podría fundarse la bonificación salarial en criterios concretos. Entre ellos, se desprenden los unidos a la distancia y al costo de traslado hasta las escuelas en zonas de difícil acceso y comunicación; zonas con condiciones climáticas específicas u otros factores directamente vinculados con la necesidad de gastos extra para ejercer el trabajo docente en igualdad de condiciones.

La clasificación de las escuelas debería ser revisada en forma periódica (cada cuatro o cinco años, por ejemplo), tarea que podría realizarse por una comisión integrada por agentes estatales y representantes sindicales, basada en criterios objetivos específicos.

---

[20] En Uruguay se implementó una política que identifica a las escuelas según el contexto sociocultural. Los docentes que se desempeñan en contextos socioculturales críticos perciben un salario un 20% mayor que sus pares que lo hacen en otras escuelas. Este adicional salarial no se plantea como incentivo, sino como reconocimiento por un trabajo más complejo. De hecho, los docentes deben reunirse un sábado por mes. Otra reunión mensual, optativa, es utilizada para organizar actividades de capacitación en las principales áreas curriculares. Estas escuelas son objeto de otras políticas específicas, como el nombramiento de un "maestro comunitario" elegido por el colectivo de la escuela y que trabaja a tiempo completo. Francia, con las escuelas en Zonas de Educación Prioritaria (ZEP), es otro caso conocido en el que se paga un adicional salarial para atraer a docentes con formación y experiencia.

CAPÍTULO 6

POLÍTICAS PEDAGÓGICAS Y CURRICULARES

Este es el capítulo más extenso de opciones de política. Es inevitable. Las formas y los contenidos de la enseñanza son ejes vertebrales de la política educativa. O deberían serlo. Mucho más en contextos donde la presión inmediata de las urgencias hace dejar de lado la sustancia pedagógica y obliga al Estado a alejarse de lo que ocurre en las aulas.

Con el objetivo de revertir el lugar secundario que ocupa la pedagogía en las discusiones de planeamiento educativo se presenta aquí un amplio menú de opciones. Podrían ser muchas más. A continuación se verán numerosos temas sobre los cuales no tenemos suficiente trayectoria de investigación para hacer propuestas, en particular en el eje curricular de matemáticas, en la educación técnica, en las especializaciones de la educación secundaria, en la educación inicial, superior y profesional, en la educación rural, en la educación especial. Todos estos vacíos son deudas pendientes pese a la extensión de este capítulo.

Con esta salvedad, los ejes seleccionados abarcan una multiplicidad de dimensiones referidas al rol pedagógico del Estado. El primero intenta reforzar sus lazos pedagógicos, frente a un diagnóstico de dispersión de las fuerzas de la política educativa. Allí se apunta la necesidad de construir una voz, una dirección, un proyecto político-pedagógico. No cerrado, no partidario, no unilateral. Un proyecto que dé más sentido a las prácticas, que las acompañe de cerca, que fomente la experiencia compartida de crear comunidades educativas de prácticas.

Luego se abordan propuestas específicas de mejora y reforma de la educación primaria y secundaria. Con puntos de partida distintos, los niveles del sistema educativo argentino requieren una especificidad en su abordaje, propia de su historia divergente

El siguiente eje se refiere a la cuestión curricular, los materiales y las áreas de enseñanza. Allí priman los criterios de articulación y búsqueda de nuevos sentidos para comprometer el aprendizaje de los alumnos con lo común y con la experiencia personal de apasionarse por el conocimiento. Es clave gestar políticas educativas que tengan estos dos horizontes en el centro de las acciones para fomentar la expansión de las esferas de expresión y justicia en las escuelas.

La evaluación, el apoyo y la supervisión del sistema van en esta misma dirección. Es hora de un nuevo rol del Estado, que deje atrás su ceguera sistémica y construya un nuevo saber sobre lo que ocurre en las escuelas. Un saber que proteja derechos allí donde opera el conocimiento. En las aulas, en las conciencias de los alumnos. Saber qué ocurre con cada uno de ellos no es un requisito burocrático ni una demanda de mercado para estimular la competencia. Es un deber para ayudarlos, como a cada escuela y cada docente, para afianzar la idea de un sistema educativo donde cada uno es importante.

Finalmente, se postulan opciones de política para fomentar la cohesión social y la democracia educativa. Este eje es un gran desafío frente a la historia reciente de dictaduras y crisis sociales devastadoras. Las escuelas a veces se sienten perdidas frente a sus comunidades. La política educativa no puede ignorar este gran capítulo para dedicarse al fortalecimiento del sistema y a recuperar la idea de la escuela pública.

Todos estos ejes dialogan entre sí. El mundo cambia cada vez más velozmente. Las políticas pedagógicas pueden aprovechar las fuerzas de cambio para instalar un nuevo sentido de su relación con el conocimiento. Ya no basado en la obligación y la repetición. Es posible pensar en un sistema educativo que inspire a sus alumnos a disfrutar del aprendizaje, a expandir sus posibilidades futuras y a convivir en la experiencia de la diversidad. Pero esto no surgirá como por arte de magia desde las escuelas si no existe un eje vertebral de la política educativa que se concentre en lograrlo.

Eje temático 1.
Fortalecer los lazos pedagógicos

Opción 36 (Base) - Cohesión pedagógica del Ministerio de Educación

Potenciar la función de apoyo y desarrollo pedagógico y curricular de los ministerios de Educación es un desafío de primer orden. Esta sección lo expresa con una diversidad de propuestas.

Un punto de partida en esta dirección es la coordinación de las distintas áreas vinculadas con la producción, gestión y supervisión de saberes y dispositivos para la enseñanza. Por lo general, las áreas de planeamiento, currículum, capacitación, supervisión, evaluación e información educativa, las direcciones de niveles y los programas específicos actúan con fuerte independencia, con solidaridades puntuales, y muchas veces terminan por duplicar esfuerzos o quedar dispersos al llegar al sistema educativo.

Una dimensión fundamental para favorecer el desarrollo de las propuestas de política educativa que siguen es la cohesión pedagógica del Ministerio de Educación. En términos concretos, esto se traduce en algunas de las siguientes sugerencias:

- Potenciar las áreas de planeamiento educativo o currículum en el marco de la elaboración de un Plan Educativo, como espacios de coordinación pedagógica de los ministerios y con funciones específicas para esta tarea. Esto no significa eliminar otras áreas, sino crear un espacio de liderazgo con coherencia, diálogo y articulación interna.

- Institucionalizar reuniones y encuentros de trabajo específicos para analizar las políticas pedagógicas y potenciar sus lazos. Por ejemplo, definir cuatro encuentros anuales de una jornada y un "retiro" anual de dos días en los que participen todos los funcionarios y agentes técnicos de las áreas pedagógicas.

- Discutir y definir un proyecto político-pedagógico que direccione las políticas educativas en una identidad compartida y con consenso entre los actores educativos. Esto requiere casi inevitablemente un liderazgo pedagógico en distintas instancias de la conducción educativa y desde la esfera del ministro de Educación.

**Opción 37 (Idea) - Diagnóstico de situación
de la enseñanza basado en la filmación de clases**

En los años recientes, el diagnóstico de la educación se volcó excesivamente sobre los aprendizajes. Las cada vez más notorias evaluaciones internacionales y nacionales de la calidad educativa enfatizaron esta mirada. En cambio, poco se investigó y sistematizó acerca de las prácticas de enseñanza.

Y poco se sabe acerca de cómo preparan sus clases los docentes, qué materiales usan, cómo se organizan los grupos de alumnos, cómo se trabaja con el pizarrón, los cuadernos/carpetas, qué proporción de tiempo se destina a cada área, al trabajo individual y al grupal, al deber escrito y a la participación en clase, qué climas de convivencia se crean, qué relaciones entre los alumnos y entre ellos y los docentes, entre muchas otras dimensiones.

Una opción de política para llevar adelante un diagnóstico profundo de estas dimensiones es la filmación de clases para exclusivo uso pedagógico; es decir, para aclarar el diagnóstico y capacitar a los propios docentes, no para juzgarlos con evaluaciones ni hacerlas públicas. La filmación de clases facilita llegar a un diagnóstico cualitativo que debería tener criterios sistematizados por los especialistas de cada área curricular.

Esto permitiría tener un mapa orientador de la formación y capacitación docente, con lineamientos concretos sobre la base de los problemas didácticos recurrentes. A su vez, las propias clases (adecuadamente seleccionadas, editadas y aprobadas por los docentes participantes) podrían ser materiales útiles en los dispositivos de discusión pedagógica con los docentes, como la formación, capacitación o supervisión.[1] Podría crearse un protocolo de observación de clases para trabajar con los directivos de escuela en un movimiento constante de revisión de las prácticas.

Opción 38 (Idea) - Crear un Congreso Pedagógico Provincial

La instauración de un Congreso Pedagógico en el que participen docentes, especialistas y estudiantes de profesorado podría ser un espacio privilegiado para compartir experiencias y propuestas pedagógicas, de gestión institucional y de evaluación. Podría ser

---

[1] La experiencia de usar videos de clases filmadas como instrumento de evaluación del Programa Escuelas de Calidad (PEC) de México constituye un ejemplo del valor diagnóstico de la filmación de clases. Esta iniciativa creó una gigantesca videoteca de práctica pedagógica y permitió conocer no solo qué sucede en las aulas sino también cuáles son las prácticas ejemplares (Hernández Collazo, 2006). Otro ejemplo reciente puede encontrarse en el proyecto Métricas de la Enseñanza Eficaz (www.metproject.org) de la fundación Bill & Melinda Gates.

aprovechado para exponer proyectos institucionales e innovaciones implementadas en los distintos niveles del sistema educativo. Se trataría de un espacio de formación continua y una oportunidad para compartir experiencias profesionales con colegas.

La experiencia de La Pampa, desarrollada desde 1993, es un excelente ejemplo del potencial que tiene esta propuesta. Los "Congresos de Políticas Educativas" organizados por la provincia fueron un espacio de debate pedagógico, innovación y unidad del colectivo docente. Una clave que encontramos en una investigación realizada sobre esta iniciativa (Veleda, 2003a) es que los congresos deben contar con mucha participación de las escuelas, no ser dominados por especialistas, tener una comisión organizadora con recursos suficientes y la pasión por realizar un trabajo que también debe ser concebido como un festejo educativo.

Opción 39 (Idea) - Documentar y difundir experiencias pedagógicas de las escuelas

Una tendencia reciente indica que en las escuelas se habla poco de pedagogía, dado que la cuestión social parece ser desbordante. Se atienden tantos problemas que la reflexión pedagógica queda apartada. Entre las escuelas, e incluso dentro de ellas, se comparten escasamente las experiencias innovadoras y los casos de buenas prácticas. Existen excelentes docentes, proyectos e iniciativas que quedan aislados, con un enorme potencial de trasmisión de conocimientos pedagógicos inconclusos.

Frente a este diagnóstico, es fundamental instaurar la práctica de documentación de experiencias o modelos de enseñanza de escuelas y educadores. Los supervisores podrían ser agentes de comunicación de las experiencias destacadas y motivar a las escuelas estatales y privadas a participar. El Ministerio de Educación podría crear una plataforma virtual y formatos específicos para que cada escuela o docente participe.

No solo es necesaria la coordinación central de la recolección de experiencias, sino también los incentivos para participar y los criterios de evaluación de los casos destacados. El camino de un pago extra para aquellos que expongan buenas prácticas puede conducir a tensiones y distraer el objetivo central de esta propuesta. Pero no tener ninguna motivación concreta también puede ser frustrante.

Por eso se recomienda crear incentivos no salariales, como incorporar al puntaje docente el desarrollo y la relatoría de experiencias destacadas, o premiar estas experiencias al darles visibilidad, ayudar a documentarlas o filmarlas para su difusión posterior.

Estos incentivos obligan a crear un claro sistema de evaluación de las experiencias, que podría estar a cargo de comisiones mixtas entre el director de la escuela, el supervisor y otro supervisor o director. Así, no solo podrían crearse instancias de acreditación semiformal (no habría que dedicar un exhaustivo tiempo a la evaluación, dado que esto también podría sumar demasiado trabajo extra), sino también circuitos permanentes de discusión sistémica de innovaciones y prácticas pedagógicas.

Opción 40 (Idea) - Conformar redes pedagógicas

De acuerdo con el punto anterior, las redes buscan promover el intercambio de experiencias y reflexiones de personas e instituciones que comparten un interés especial en torno a determinadas temáticas. Su constitución puede variar tanto en los formatos que se utilicen (virtuales o presenciales) como en sus integrantes y especialidades.

Los ministerios de Educación provinciales pueden crear u ofrecer apoyo a docentes e instituciones para formar redes sobre diversos temas como: alfabetización inicial, educación popular, competencias científicas, educación en medios, emprendimientos productivos en las escuelas, nuevas alfabetizaciones, culturas juveniles, educación rural y medioambiente, entre otros. Sus propósitos serían facilitar el acceso y el intercambio de experiencias educativas, y estimular el desarrollo de iniciativas grupales, institucionales y regionales en relación con una determinada temática.

En forma complementaria, los ministerios podrían promover la formación de las redes a partir de actividades puntuales: 1) establecer una serie de prioridades educativas provinciales; 2) relevar y difundir experiencias, instituciones y especialistas de cada una de ellas; 3) convocar a establecer redes a través de una campaña pública, y 4) organizar y financiar instancias de intercambio tales como encuentros, seminarios, visitas, filmaciones, diseño de una web, entre otras.

Las redes también podrían asumir formatos territoriales, agrupar instituciones en una misma localidad para trabajar en proyectos compartidos, con fuerte arraigo en la comunidad.[2] La colaboración local podría ser reafirmada por los supervisores, mediante sinergias en distintas dimensiones: la colaboración en el uso de las instalaciones, la gestión conjunta y equitativa de matrícula, la divulgación de los proyectos exitosos, la cooperación en la resolución de conflictos y la articulación entre los diferentes ciclos, entre otros.

Opción 41 (Idea) - Publicar una revista educativa provincial

La comunicación con los docentes debe seguir distintas vías capaces de articularse y prolongarse, con el centro puesto en el fortalecimiento de las prácticas pedagógicas. Entre otros formatos propuestos en esta sección, se destaca la importancia estratégica de contar con una revista (mensual, bimensual o trimestral) educativa provincial. Existe una importante tradición histórica en

---

[2] El caso de la red "Subiendo los logros, transformando el aprendizaje" (RATL, por sus siglas en inglés: *Raising Achievement Transforming Learning*), puede ser inspirador como modelo de colaboración mutua entre escuelas (Hargreaves y Shirley, 2009). En Argentina se destaca el caso de las Escuelas del Bicentenario, una iniciativa público-privada, coordinada por el IIPE-UNESCO en varias provincias (Gvirtz y Oría, 2010).

este tipo de vínculos con el Estado mediados por revistas docentes (Finocchio, 2009) y, en la actualidad, tanto la nación como varias provincias tienen iniciativas de revistas con diversos formatos.[3]

Para aquellas provincias que no cuenten con este tipo de soportes gráficos, se recomiendan algunas líneas de acción basadas en las experiencias en marcha:

- Centrar la revista en propuestas pedagógicas concretas, experiencias destacadas en distintos contextos, y novedades del mundo de la cultura y las TIC, para ampliar los horizontes de la enseñanza.

- Comunicar los lineamientos de las principales políticas educativas provinciales como acciones construidas sobre la base de consensos, en lugar de utilizar a la revista como un mero órgano publicitario.

- Contextualizar el currículum y las novedades en la realidad educativa provincial, para impulsar las identidades culturales propias de cada provincia.

- Garantizar el envío gratuito de la revista a todas las escuelas de la provincia y, en lo posible, a cada docente.

Opción 42 (Idea) - Legado pedagógico de ex docentes

Una ausencia recurrente en los sistemas educativos provinciales es el olvido de los saberes de los docentes jubilados o retirados.

---

[3] Por ejemplo: *El monitor*, revista publicada por el Ministerio de Educación de la Nación; *Anales de la educación común*, de la Dirección General de Cultura y Educación de la Provincia de Buenos Aires; *Saberes*, del Ministerio de Educación de la Provincia de Córdoba; *Tucumán educa*, del Ministerio de Educación de la Provincia de Tucumán; *Aulas santacruceñas*, del Consejo Provincial de Educación de la Provincia de Santa Cruz; *Serie: recursos para el aula*, del Ministerio de Educación de la Provincia de Chubut; y *Mendomática*, revista digital sobre matemática publicada por el Ministerio de Educación de Mendoza.

En muchos casos, incluso, se trata de personas que tienen disponibilidad e interés en transferir su experiencia. Por ello, se recomienda crear una política de legado pedagógico de los ex docentes, que podría adoptar distintos formatos:

- Un seminario anual de relatorías pedagógicas para docentes en formación y docentes noveles.

- Una red de apoyo escolar, articulada con el sistema educativo, para los alumnos con dificultades de aprendizaje.

- La construcción de una narrativa pedagógica histórica que recupere los saberes de las propuestas de enseñanza desarrolladas por grandes docentes y pedagogos de la provincia. Esto podría concretarse, por ejemplo, con un relato pedagógico a realizar en el período de jubilación de los docentes (véase la experiencia desarrollada por la Ciudad de Buenos Aires, en Corvalán y otros, 2006).

Opción 43 (Base) - Instaurar el mes de febrero como instancia de planificación educativa

Durante febrero, el tiempo escolar es diferente al del resto del año. Por un lado, están los docentes que tienen dispar cantidad de tiempo asignado a los períodos compensatorios y exámenes de los alumnos. Por otra parte, se trata de un mes estratégico para el planeamiento institucional y didáctico, que muchas veces se desaprovecha o que varía mucho en sus adaptaciones según escuelas y contextos.

La política educativa podría asistir a las escuelas para aprovechar más intensamente febrero, un mes clave para diagnosticar problemas de aprendizaje y organización institucional, y generar propuestas de trabajo para el año, tanto en lo pedagógico como en lo comunitario. Las siguientes sugerencias buscan afianzar espacios de guía y apoyo para las escuelas por parte de los estados provinciales:

POLÍTICAS PEDAGÓGICAS Y CURRICULARES

- Desarrollar jornadas de autoevaluación institucional, con guías elaboradas por el Ministerio de Educación.

- Compartir experiencias de buenas prácticas surgidas de las opciones de política 4, 5, 6 y 7.

- Planificar las prioridades de la organización institucional para el año de trabajo, sobre la base del diagnóstico de la autoevaluación, con el apoyo de una guía elaborada por el Ministerio de Educación.

- Planificar el trabajo anual de cada docente, en un intercambio con el equipo directivo, usando el diseño curricular y el apoyo de una carpeta didáctica (véase Opción 58).

- Planificar el trabajo integrado entre docentes, por ciclos o áreas, de acuerdo con una guía específica elaborada por el Ministerio de Educación.

Opción 44 (Idea) - Optimizar el tiempo de enseñanza en las escuelas

Uno de los principales problemas en América Latina es la distancia entre la proporción de tiempo oficialmente designado para la enseñanza que no se destina para tal fin, sobre todo en el nivel secundario. El tiempo es un factor que debería atenderse tanto en términos cuantitativos como cualitativos, ya que además suele ser estructuralmente rígido, sin sensibilidad para adaptarse a variados contextos de aprendizaje.

Aquí se presentan algunas acciones que podrían ser integradas para enfrentar este eje crítico del diagnóstico:

- Realizar un estudio de horas de clase reales sobre una muestra de escuelas de niveles primario y secundario. Esto permitiría elaborar un diagnóstico de las causas principales de la interrupción o disminución del tiempo pedagógico (ausentismo de alumnos, docentes y no docentes, problemas edilicios, impuntualidad, tareas asistenciales, etc.) y su localización según contextos sociales y geográficos específicos. Esto podría automatizarse con un seguimiento permanente, de implementarse la Opción 87.

- Establecer acuerdos con los sindicatos para garantizar un calendario de clases apropiado, que priorice la continuidad pedagógica y que solo en última instancia deba recurrir a sistemas de compensación posterior. Los acuerdos son sumamente complejos, pero no debería renunciarse a la posibilidad de gestar una planificación de tres años de aumento salarial acordado en función de criterios claros y viables de medición.[4]

- Regular y controlar que el tiempo de comedor no afecte las horas obligatorias de jornada escolar (véase Opción 4).

- Crear un circuito de actividades permanentes para mantener el trabajo pedagógico durante las horas libres en el nivel secundario. Se puede aprovechar el trabajo de tutores y preceptores (véase Opción 55) y las nuevas tecnologías, especialmente a partir de las *netbook* de Conectar Igualdad. La visualización de videos, la realización de actividades en la computadora o de ejercicios previamente pautados por los docentes en plataformas virtuales son caminos alternativos para no perder una sola hora de clase durante el curso. Estas actividades también pueden ser vitales como apoyo a todos los alumnos que tengan difi-

---

[4] La experiencia de Ontario, Canadá, es ilustrativa en este sentido. Allí se implementó una exitosa reforma integral del sistema educativo con apoyo sindical y un acuerdo de tres años de no conflictividad con un aumento pactado del salario docente (Levin, 2008).

cultades para garantizar su presencia física en la escuela (jóvenes embarazadas o con bebés, problemas de salud, ámbitos rurales de difícil acceso, etc.).

- Utilizar estrategias para reducir el ausentismo docente (Opción 33).

- Repensar las jornadas de trabajo institucional y los actos escolares, que generalmente toman muchos días del calendario escolar. Las jornadas docentes deberían ser evaluadas para sacar el máximo provecho de este tiempo. Se recomienda redefinirlas con una clara orientación sistemática que las guíe y las aproveche al máximo.

Eje temático 2.
Fortalecimiento de la educación primaria[5]

Opción 45 (Esencia) - Implementar un programa integral de extensión de la jornada escolar

La brecha social existente requiere revisar la distribución de la oferta escolar. Una concepción renovada de la justicia educativa significa poner en el centro del sistema a los sectores socialmente vulnerables y excluidos. En el nivel primario, la extensión de la jornada escolar quizás sea la política más potente que pueda llevarse a cabo.

El diagnóstico indica que cuatro horas de clase en la primaria no alcanzan, sobre todo en los contextos más vulnerables. La complejidad de los tiempos presentes requiere más tiempo de clases, con una oferta no repetitiva, sino renovadora y flexible. El fracaso escolar requiere más tiempo escolar, para brindar apoyo

---

[5] El libro *Opciones de política educativa para el nivel primario* constituye un antecedente directo de la presente sección (Legarralde y Veleda, 2009).

personalizado a los alumnos y crear una estrategia institucional centrada en el aprendizaje.

Si lograra desarrollarse una oferta de dos o más horas de clase extra por día para los alumnos de sectores vulnerables, se estaría llevando a la práctica una modificación de la distribución del financiamiento educativo que superaría el caudal de recursos de las políticas compensatorias. Se trata de una política que tiene la capacidad de afectar en profundidad la vida escolar de los sectores más vulnerables.

En la Argentina varias provincias desarrollaron experiencias de extensión de la jornada escolar. También existen políticas masivas en Chile, Uruguay y México. A su vez, el gobierno nacional impulsó a partir de 2012 una política de jornada extendida con fondos propios y apoyo a las provincias.

Retomando estas iniciativas y un trabajo previo de CIPPEC, que las analizó y documentó (Veleda, 2013), se señalan algunas sugerencias para crear un programa integral de extensión de la jornada escolar:

- Un claro direccionamiento de la oferta que priorice a los sectores populares por encima de la tentación de usar los edificios disponibles o, peor aún, de dejarse influenciar por las presiones de las propias escuelas y sus familias (lo cual tiende a beneficiar a los sectores medios con mayor poder de *lobby*). Para ello, es esencial combinar esta política con la creación de un sistema de medición del nivel socioeconómico por escuela, que establezca parámetros objetivos de la distribución de la oferta (Opción 87).

- Crear guías de apoyo con modelos y formatos concretos para la adaptación institucional de la jornada extendida. No debería existir un único modelo de extensión de jornada, pero tampoco es conveniente dejar su formato enteramente a elección de la escuela. Se recomienda una estrategia que establezca modelos de organización curricular concretos, con una lógica interna sólida y coherente. Las escuelas podrían elegir entre estos modelos de acuerdo con sus contextos y proyectos institucionales.

- Los cargos docentes deberían ser cubiertos principalmente por los maestros de grado. Este modelo debería combinarse con la creación de cargos específicos de docentes para áreas artísticas, de educación física, espacios culturales, idiomas y nuevas tecnologías. En conjunto, el maestro de grado pasaría a tener más tiempo de trabajo, pero con más horas institucionales para reuniones con padres, asistencia personalizada de los alumnos con dificultades, planificación y corrección de las clases. Este esquema es propicio para garantizar un mejor salario docente sin el inevitable agotamiento de los maestros que trabajan doble turno con alumnos o que deben viajar de una escuela a otra.

- Priorizar espacios curriculares que generen nuevas posibilidades de aprendizaje, capaces de conectar saberes y abrir horizontes. Entre ellos, se destacan los espacios dedicados a la promoción cultural, artística y deportiva, a las capacidades de expresión y comunicación, y a las nuevas tecnologías e idiomas. Estos espacios permiten mayor flexibilidad en los agrupamientos y formatos de enseñanza, sin la tensión de pasar toda la jornada en una misma aula y con actividades tradicionales. A su vez, promueven nuevos lazos con los aprendizajes básicos del currículum y generan nuevas fuentes de aprendizaje.

- Crear un modelo de apoyo pedagógico dentro de la escuela para todos los alumnos con dificultades de aprendizaje, que puede asumir diversos formatos: parejas pedagógicas, trabajo a contraturno y maestros de apoyo fuera del aula, entre otros. La extensión de la jornada escolar permite dedicar más tiempo a cada alumno. Esto evita la derivación de los problemas a las condiciones sociales de los estudiantes, a través de los deberes para el hogar o la preparación con profesores particulares pagos. La extensión de la jornada escolar debería garantizar las condiciones para que todos los alumnos del nivel primario tengan una trayectoria sin repitencia y con los aprendizajes correspondientes a cada ciclo.

Opción 46 (Idea) - Política de priorización del primer grado

El primer grado es la puerta de entrada a la escuela primaria y debe ser la prioridad central del nivel, en busca de la integración de todos los alumnos. Existen fuertes evidencias de la importancia del primer grado en la vida de los alumnos, es allí donde se define buena parte de la trayectoria futura a partir del proceso de alfabetización. Pese a esto, es el grado con mayor repitencia en la educación primaria.

Un estudio previo, basado en la consulta a especialistas de América Latina, muestra que designar a los mejores maestros para el primer grado es la política educativa más importante que puede implementarse sin costo alguno en términos de equidad y calidad (Schiefelbein, Schiefelbein y Wolff, 2002). Aun así, hay pocos trayectos específicos en la formación docente y es escasa la capacitación vinculada con las teorías y prácticas de la alfabetización y de la integración en la diversidad en primer grado (INFD, 2010a, 2010b; Zamero, 2010).

La designación de los docentes por grado en el nivel primario es una atribución de las escuelas que se dirime en diálogos entre directivos y docentes, donde se da prioridad a los docentes con más experiencia en la escuela para que elijan el grado. Esto genera situaciones muy diversas según escuelas y provincias.

Por estos motivos, se recomienda implementar una política integral de prioridad al primer grado que incluya las siguientes medidas:

- Crear una especialización dentro de la formación docente centrada en el primer ciclo de la educación primaria, con énfasis en los procesos de integración y en los métodos de alfabetización.

- Adaptar una estrategia en la capacitación docente para remediar esta falencia de formación en los docentes que están hoy a cargo del primer ciclo, para dar preferencia a su formación didáctica en la lectoescritura y la observación de su práctica docente a través de un trabajo en equipo situado en las escuelas.

- Crear un sistema de atención institucional especial para los alumnos que ingresan a primer grado que incluya, por ejemplo, un informe cuatrimestral individual de cada alumno para que sea analizado por el equipo directivo; reuniones permanentes con los padres; privilegiar la atención por parte de los maestros de apoyo o equipos de orientación que tengan las escuelas. Las reuniones con supervisores y directivos para tratar la temática son centrales para lograr su concienciación y participación.

- Dar prioridad en la normativa a la designación de los mejores maestros para primer grado. Esto debería combinarse con una capacitación específica para trabajar en este grado y con la política de revalorización del primer grado. No se trata de forzar a los docentes a trabajar en este curso, dado que buena parte de su trabajo responde a intereses particulares y a su compromiso con la tarea, pero sí debería quedar claro que es el grado más importante para evitar que sea el elegido por los docentes con menor experiencia o de los que tienen previsto tomar licencias durante el ciclo lectivo.

- Designar dos maestros en primer grado como política extendida en las escuelas más vulnerables. Existen experiencias muy destacadas en la formación de parejas pedagógicas que muestran la eficiencia de esta propuesta,[6] aunque resulte costosa en términos presupuestarios.

Opción 47 (Idea) - Fortalecer los ciclos con designación mixta de docentes por formación y antigüedad

A partir de la aplicación de la estructura de niveles de la Ley Federal de Educación y su posterior reforma de la Ley de Educación Nacional, los ciclos del nivel primario y secundario quedaron organizados de formas diversas según las escuelas y provincias. En muchas provincias y escuelas se trabaja con énfasis en la integralidad del ciclo, mientras que en otros casos existe una gran fragmentación vertical en cada grado/año y, por lo tanto, cada aula y cada docente están aislados o solo se conectan por intereses afines y no por una política institucional.

Ante la disparidad de contextos y saberes de los alumnos, un problema creciente es que el grado/año suele imponerse como criterio pedagógico, lo que resulta en la repitencia como juicio pedagógico aislado del ciclo. En cambio, si se centrara la mirada en el ciclo, podrían generarse instancias de apoyo pedagógico y trabajo compartido entre docentes, para evitar detener la trayectoria con la repitencia y garantizar los aprendizajes con diferentes enfoques y durante un tiempo más prolongado.

---

[6] Véase el Proyecto "Maestro más Maestro" de la Ciudad de Buenos Aires (http://www.buenosaires.gov.ar/areas/educacion/niveles/primaria/programas/zap/maestromaestro.php?menu_id=20086).

Una de las formas concretas de abordar la integración entre los ciclos surge a partir de la designación del grado/año de trabajo de cada docente. Esta definición es una atribución de las escuelas y permite orientar la especificidad de cada ciclo. En esta dirección, se sugieren las siguientes acciones:

- Constituir "equipos docentes" por ciclo, tanto para el nivel primario como para el secundario, con horas institucionales pagas para realizar trabajos compartidos. Los equipos deberían prestar especial atención a la situación de los alumnos con mayores dificultades, para articular una estrategia de enseñanza que les permita integrar conocimientos al final del ciclo.

- Promover una designación de docentes por ciclo que tenga en cuenta tanto su formación como, especialmente, su antigüedad. Mezclar a los docentes con más antigüedad con los docentes noveles resulta una combinación clave para la formación de estos últimos, y el ciclo debería constituir una unidad de trabajo para fortalecer esta tarea.

- Abrir espacios de trabajo flexibles con alumnos de distintos grados/años de un mismo ciclo, para fomentar el intercambio de los docentes y establecer criterios de agrupamiento por intereses o proyectos específicos.

- Fomentar reuniones de supervisión, divulgación de publicaciones, hacer cursos de capacitación y jornadas de reflexión centradas en la especificidad de cada ciclo, con énfasis sobre los saberes comunes que deben estar garantizados al final de cada ciclo y las diversas estrategias para alcanzar esa meta en todos los alumnos sin barreras definidas al final de cada grado/año.

Opción 48 (Idea) - Establecer normas y estrategias de promoción asistida para el primer ciclo de primaria

El debate entre "promoción automática" y repitencia debe ser repensado. La promoción automática, entendida como "promoción social", es una forma de evitar enfrentarse con el problema de la enseñanza y dejar pasar a los alumnos sin conocimientos. La repitencia es la otra cara de la moneda: las investigaciones demuestran abrumadoramente que no provoca mejores aprendizajes y que, peor aún, deja marcas imborrables en la autoestima de los alumnos (Kit, Labate y España, 2006; Dupriez, 2010).

Escapar a este falso dilema requiere sólidas políticas pedagógicas. Debe trazarse un claro camino hacia prácticas de enseñanza capaces de administrar la diversidad en los puntos de partida de los alumnos y evitar la repitencia. Los especialistas en lectoescritura recomiendan tomar el proceso de alfabetización como una unidad de trabajo prolongada entre un mismo docente y un mismo grupo de alumnos. Este proceso puede durar uno o dos años. Por eso, es importante apoyar la continuidad del mismo docente en ambos ciclos y la no repitencia de los alumnos.

Así lo estableció la Resolución 174/12 del Consejo Federal de Educación, que recomienda distintas estrategias para generar compensaciones preventivas, diversificar y personalizar la enseñanza, adecuar el currículum a cada alumno y lograr la continuidad de un mismo grupo durante dos años.

La "promoción asistida",[7] por ejemplo, es una estrategia aplicada por la asociación "Educación para todos" con el apoyo de UNICEF. Esta propuesta se plantea como alternativa a la repitencia y consiste en un proceso que permite la continuidad del trayecto escolar de los niños del primer ciclo de la EGB, a través de un pasaje directo y especialmente asistido por medio de: a) me-

---

[7] Basado en el Proyecto "Todos pueden aprender" que se desarrolló en las provincias de Tucumán, Misiones, Jujuy y Chaco (http://educacionparatodos.org.ar).

didas didácticas, como la producción de materiales específicos y el asesoramiento de especialistas; b) apoyo a la gestión institucional de las escuelas, y c) instancias de seguimiento de los procesos y los resultados de aprendizaje.

Otras alternativas específicas atacan el rezago escolar con adaptaciones para reincorporar a los alumnos a su grado de referencia. En particular, se destacan las experiencias de aceleración de la trayectoria escolar que permiten cursar dos años en uno. Ese es el caso de los "Grados de aceleración"; desarrollado por la Ciudad de Buenos Aires durante varios años.[8]

Estas propuestas pueden ser adaptadas durante toda la escolarización obligatoria. El propósito es recuperar la autoestima de los alumnos y sus capacidades de aprendizaje en distintos ritmos, con trayectorias más personalizadas, pero sin perder el grupo etario de referencia como parte de un proceso de socialización entre pares.

**Opción 49 (Idea) - Taller de revisión
de formatos de la escuela primaria**

Replantear las prácticas tradicionales de enseñanza es un motor fundamental para renovar la educación primaria. Esto supone revisar los formatos rígidos, basados en un modelo en el que los alumnos se encuentran en posiciones fijas y actitud pasiva para escuchar al docente; una concepción del tiempo de clase organizada en horarios esquemáticos; y rutinas de los ejercicios y deberes que resultan repetitivos y poco motivadores para los alumnos.

Las experiencias innovadoras pueden tener diversos registros: lecciones de enseñanza no graduada de escuelas rurales y urbanas; ferias y exposiciones de trabajos de los alumnos;

---

[8] Véase http://www.buenosaires.gob.ar/areas/educacion/niveles/primaria/aceleracion.php?menu_id=9760.

investigación-acción, trabajo por proyectos o por desafíos en reemplazo del currículum tradicional; ruptura de los horarios, grupos y espacios para desarrollar experiencias diferentes de aprendizaje; expediciones pedagógicas, etc.

La política educativa puede tener un rol fundamental en esta tarea, al promover, evaluar y comunicar experiencias de renovación de los formatos de enseñanza. Para ello, se sugieren las siguientes actividades:

- Crear un espacio de taller pedagógico de la escuela primaria con supervisores y directores de escuelas. Este taller podría tener un formato itinerante en la provincia o en el país y un formato virtual donde se acumulen los casos y experiencias. El taller podría ser un ámbito de renovación pedagógica a través de los informes de modelos alternativos de enseñanza.

- Crear un concurso de prácticas innovadoras, con énfasis en la justificación pedagógica de la innovación y en sus efectos en los aprendizajes de los alumnos. El concurso podría premiar a los ganadores con viajes al exterior para participar de congresos de innovación educativa.

- Documentar los modelos innovadores, sus bases pedagógicas y sus posibles efectos, para ampliar la cantidad de docentes y escuelas participantes. La documentación de experiencias podría sumarse a la Opción 39.

Opción 50 (Base) - Política de transición de la primaria a la secundaria

El pasaje del nivel primario al secundario es un problema histórico del sistema educativo argentino, el cual mantiene desde sus orígenes dos culturas radicalmente opuestas entre ambos niveles. La primaria se pensó para la inclusión y la secundaria para la selección de aquellos que iban a realizar estudios superiores.

Desde el retorno a la democracia en 1983, se impulsaron diversas políticas que buscaron modificar este doble régimen pedagógico que sistemáticamente excluía a los sectores populares de la educación secundaria. La transición entre la primaria y la secundaria es una cuestión estudiada hace tiempo, pero poco atendida desde el terreno de las políticas (Braslavsky y Filmus, 1988). Aquí se sugieren acciones concretas que podrían constituir una política integral para fortalecer esta articulación:

- Institucionalizar reuniones de trabajo entre supervisores y directivos de escuelas primarias y secundarias afines a nivel territorial para planificar proyectos compartidos e informar sobre la situación de los alumnos que están por pasar de nivel o que comenzaron en la secundaria.

- Crear en el último año de la primaria una instancia formal de preparación para acompañar el pasaje al nivel secundario, que dure una semana. Se trataría de una instancia obligatoria para los alumnos que incluiría la visita de profesores de secundaria a la primaria para anticipar la preparación para el pasaje de nivel, la consulta asistida por tutores o docentes de posibles trayectorias futuras para la elección de la escuelas secundarias, la revisión durante las horas de clase de las conexiones entre los contenidos de cada área con las materias a estudiar durante la secundaria.

- Promover la designación de docentes especialmente formados y motivados para el primer año de la secundaria, dado que allí se acumulan las mayores dificultades de adaptación y fracaso escolar, sobre todo en los sectores más vulnerables. En línea con la Opción de política 46, la designación de muy buenos perfiles docentes para el primer año de la escuela media puede ser una estrategia que favorezca el aprendizaje de los alumnos y la continuidad de sus estudios.

- Instrumentar un legajo escolar por alumno, donde se realice un seguimiento de su trayectoria para acompañar su paso por distintas escuelas, con una mirada integral que evite su deserción temprana (véase Opción 87).

Eje temático 3.
Renovación de la educación secundaria

Opción 51 (Base) - Evaluar, coordinar y potenciar los dispositivos de inclusión y puentes educativos

La meta de la obligatoriedad en la educación secundaria establecida por la Ley de Educación Nacional constituye un horizonte clave para el diseño de las políticas. Es necesario conocer las causas del riesgo de exclusión de los alumnos para definir estrategias combinadas que se traduzcan en el logro definitivo de la inclusión universal en el nivel secundario.

Esas causas no son lineales ni homogéneas. Estudios recientes indican que es mucho mayor el impacto de la falta de sentido o pertenencia a la escuela secundaria que la ausencia de oferta o las restricciones de acceso por necesidades laborales y económicas (Binstock y Cerrutti, 2005; IIPE-UNESCO y PNUD, 2009; Kit, Scasso, España y Morduchowicz, 2012). Este diagnóstico es central para diseñar políticas coherentes que remuevan las causas profundas de la exclusión educativa.

Aquí se sugieren estrategias que apuntan a pensar la inclusión como una tarea con dimensiones estrictas de la oferta (disponibilidad de escuelas y docentes, becas, comedores, etc.), pero sobre todo que están vinculadas con la cultura, el régimen organizacional y académico, y con las capacidades y representaciones didácticas de los docentes.

Diversas iniciativas se implementaron en los años recientes a nivel nacional y provincial. Cada una de ellas merece un análisis específico y una evaluación de sus avances y efectos donde fueron implementadas. Se trata de estrategias con lógicas disímiles, pero muchas de ellas son complementarias y deben ser evaluadas de manera integral. Entre ellas, se destacan los programas de becas,[9] los de retención o finalización de estudios,[10] las instituciones puente o complementarias,[11] los cargos de tutores o las adaptaciones del régimen académico de materias y cursada.[12]

Es fundamental evaluar estas estrategias en marcha y conocer su impacto para priorizar, combinar y potenciar las acciones más efectivas. Esta tarea constituye una primera opción de política que tiene derivaciones sobre las restantes planteadas aquí.

Opción 52 (Base) - Evaluar y ordenar los planes de estudio de las escuelas

Los planes de estudio de las escuelas secundarias estatales y privadas tienen una larga historia de descoordinación. Esta es una de las tantas causas de la extrema dispersión de los resultados de los aprendizajes medidos por las pruebas internacionales.

La primera tarea de esta opción de política es evaluar los efectos que tienen los distintos planes de estudio en las escuelas.

---

[9] El principal es el Programa Nacional de Becas Estudiantiles, implementado a nivel nacional entre 1997 y 2008.

[10] Entre ellos, se destacan el Plan de Finalización de Estudios Primarios y Secundarios (FinES) de alcance nacional; los Proyectos Institucionales de Retención (PIR); el Programa Nacional de Inclusión Educativa (2004); el programa de Escuelas de Reingreso de la Ciudad de Buenos Aires, basado en el Programa "De vuelta a la escuela", del Gobierno de la Ciudad de Buenos Aires (http://www.buenosaires.gob.ar/tramites/escuelas-de-reingreso).

[11] Como los Centros de Escolarización para Adolescentes y Jóvenes (CESAJ) de la provincia de Buenos Aires y los Centros de Actividades Juveniles (CAJ) que se organizan en todo el país.

[12] Un ejemplo interesante es la propuesta pedagógica de las Escuelas de Reingreso de la Ciudad de Buenos Aires, que se caracteriza por el número reducido de materias de cursado simultáneo, la toma de asistencia por materia, la posibilidad de cursar en un mismo año materias que en el plan de estudios corresponden a años diferentes y la posibilidad de acreditar unidades curriculares sin cursarlas.

Esto debería combinarse con la Opción 66, para obtener información de diversas fuentes. De allí podrían extraerse lecciones fundamentales acerca de los resultados de los distintos planes de estudio: cuáles generan más integración, más potencia en los aprendizajes, y cuáles son excluyentes o elitistas.

Esta tarea va de la mano de una política que varias provincias aplicaron en los años recientes: el ordenamiento de los planes de estudio. Esto supone un trabajoso ejercicio de negociación y coordinación, dado que genera temores en los puestos de trabajo. Pero es un ejercicio necesario para dar sentido coherente al sistema, evitar planes disociados de los contextos, que se duplican en lugares donde faltan otras opciones, o que no toman en cuenta desarrollos curriculares recientes o son enciclopédicos, sin correlatos prácticos.

La nueva definición de orientaciones para la educación secundaria, establecida por la Resolución N° 79/09 del Consejo Federal de Educación, es una referencia central para este trabajo de coordinación. Pero más importante aún resulta el proceso: debe ser prudente y firme a la vez, combinar un plazo acorde que permita transiciones, la formación de equipos de trabajo en las escuelas y una apropiación adecuada en cada contexto.

Opción 53 (Base) - Planes de mejora con propuestas definidas y basados en el diagnóstico

El Ministerio de Educación de la Nación lanzó una reciente política que resulta clave para potenciar la educación secundaria. La estrategia está centrada en los Planes de Mejora Institucional (PMI) que se proponen concentrar el tiempo de trabajo de los docentes con más autonomía institucional para diseñar proyectos e innovar en concordancia con las nuevas culturas juveniles. Así se apunta a varios frentes del diagnóstico crítico de la educación secundaria: profesores "taxi", rigidez normativa y burocrática, falta de sentido y modelos anacrónicos para los alumnos.

Los PMI son una estrategia vital para potenciar la educación secundaria, siempre y cuando cuenten con suficientes recursos. Para hacer más intensa su apropiación en las escuelas, se sugieren dos acciones.

En primer lugar, es esencial crear guiones para las escuelas. Modelos de planes diseñados por expertos en las escuelas más destacadas. Los planes que empiezan de cero pueden requerir mucho tiempo de gestión y, al dar mucha autonomía a las escuelas, puede ser fuente de inequidades. Así, una escuela con muchas debilidades de gestión no podrá aprovechar la autonomía que le brinda esta posibilidad.

Si existiesen planes definidos con objetivos claros y orientaciones adaptables a diversos contextos, podrían ser tomados como modelos y (de forma optativa) como guiones para aplicar directamente por las escuelas.

La segunda sugerencia es que los PMI deberían estar basados en evaluaciones integrales de cada escuela, tal como se propone en la Opción 66. Es fundamental vincular más estrechamente el PMI con distintos dispositivos, ya existentes o necesarios, de evaluación de los alumnos para definir las correctas líneas de acción. De lo contrario, es probable que se estén financiando acciones no prioritarias o soluciones "en busca de problemas".

Opción 54 (Esencia) - Definir el régimen académico como esferas de justicia

La esencia de la educación secundaria es lo que se define como el "régimen académico". Allí se integra la organización curricular (cantidad y tipo de materias), el formato de los cursos y los regímenes de evaluación y promoción de los alumnos. Sus características centrales estuvieron basadas en un modelo enciclopédico de muchas materias, profesores y exámenes que dejaban todo el peso de la aprobación en el alumno. El modelo generaba exclusión, dado que establecía una regla única para todos, con una marcada desconexión entre profesores, falta de un proyecto integral por escuela y de una atención a la especificidad de cada alumno.

Era un modelo basado en una concepción pedagógica memorística y científica, donde poco lugar quedaba para la creatividad, las artes, los saberes prácticos y el trabajo colaborativo. Esa didáctica dominó durante más de un siglo la formación y el trabajo de los profesores de la educación secundaria, muchos de los cuales tienen horas de clase en distintos cursos o escuelas, con escasa pertenencia institucional.

Fundados en este diagnóstico, se propone una revisión integral del régimen académico, adaptándolo a la concepción de esferas de justicia educativa (Dubet, 2005). La concepción de esferas de justicia significa ampliar las posibilidades de los alumnos, sus formas de relacionarse con el conocimiento, sus modalidades de expresión y comunicación entre sí y con los docentes. Es una concepción que busca remover los obstáculos de fondo, anclados en el modelo organizacional y en las prácticas didácticas de los docentes para favorecer la inclusión plena de los alumnos.

En concreto, esta propuesta sigue buena parte de los lineamientos establecidos por el Consejo Federal de Educación (Resoluciones 84/09 y 93/09). Sobre esta base, se destacan los siguientes ejes de cambio:

- Definir las materias mediante el trabajo conjunto de los profesores para lograr una planificación compartida de actividades, contenidos y formatos de evaluación. El eje del cambio no pasa tanto por tener menos materias sino por hacerlas más compatibles y combinadas a nivel interno. Esto debería ocupar buena parte del trabajo institucional remunerado de los docentes, en particular durante el mes de febrero, como mes de planificación educativa (Opción 43).

POLÍTICAS PEDAGÓGICAS Y CURRICULARES

- Fortalecer o crear departamentos por áreas para fomentar el trabajo integrado de los docentes, incluso con actividades concretas (algunas clases por mes) en las que se diseñe la figura de parejas pedagógicas por curso o se incorpore a alumnos de distintas edades en actividades específicas.

- Crear nuevas formas de expresión de los alumnos, con énfasis en el trabajo por proyectos, interdisciplinario, en equipos, con uso de tecnología y con ampliación de las esferas de los saberes tradicionales: vitalizar los espacios artísticos, deportivos, culturales y prácticos.

- Apoyar nuevas formas de evaluación de los alumnos: más procesuales, preventivas, no necesariamente expositivas o centradas en el modelo tradicional del examen memorístico. Esto no significa erradicar las formas tradicionales de examen, sino complementarlas con variadas actividades que rompan con el circuito de un período de clases, estudio y preparación como modelo único de aprendizaje.

- Establecer criterios de promoción de los alumnos guiados por el principio de multiplicación de posibilidades de aprendizaje. No de compensación, sino de aprendizaje. Esto implica un cambio revolucionario sobre la base de la enseñanza: más opciones para interesarse, apasionarse y trabajar a conciencia, y no tanta obligación, amenaza y exámenes para motivar a los alumnos. Ante las dificultades para lograrlo, durante la transición deben abrirse formas integrales de analizar el pasaje de año de cada alumno (decididas por un comité de docentes), compensaciones preventivas en las que los docentes trabajen de manera más individualizada para formar a los alumnos y realizando adaptaciones acordes con la situación particular de cada uno.

- Favorecer la concentración horaria y la creación de cargos para el trabajo docente, y evaluar la posibilidad de poner límites a la cantidad de horas cátedra semanales para no saturar de trabajo a los docentes, en combinación con el pago de horas institucionales muy bien definidas (Opción 32).

Opción 55 (Idea) - Coordinadores de curso para integrar la experiencia educativa

La revisión de la tarea de los preceptores es un punto central de la renovación de la escuela secundaria. Históricamente, su función estaba basada en el rol de control, en el plano administrativo y en la convivencia de los alumnos. Es necesario transformar ese rol.

Se recomienda crear un proceso de transición de funciones y formación de perfiles específicos para definir un nuevo cargo centrado en la coordinación de los cursos que se base en la experiencia educativa de los alumnos. Este cargo debería cumplir una función de acompañamiento permanente de la trayectoria educativa de cada alumno; dar apoyo a proyectos interdisciplinarios; complementar tareas de distintas materias; aunar y dar consejos a los profesores para tener una visión integral del alumno en pos de fortalecer todas sus capacidades.

Hay que repensar el control de la escuela secundaria. Si los alumnos tienen proyectos fascinantes, variados y sólidos, su trabajo estará centrado en actividades educativas, lo cual generará mucha menos resistencia en términos de convivencia. La figura del coordinador de curso con formación educativa será clave para caminar en esta dirección.

Las tareas administrativas del curso pueden ser mantenidas en esa figura, aunque la Opción 87 de gestión informatizada de la información podría reducir esta carga de trabajo. Así, sería posible generar tiempo para desempeñar una función de promoción de proyectos, cuyas actividades estarían coordinadas según las propuestas de los docentes.

La apuesta de formar estos perfiles es un proceso que debería ir acompañado de una planificación combinada. En algunos casos, se buscarían perfiles con formación educativa (docentes, especialistas en recreación, formación cultural, trabajo social, etc.), mientras que en otros, se daría una capacitación específica a los actuales preceptores.[13]

Opción 56 (Idea) - Becas de liderazgo e innovación estudiantil

Las políticas de becas son un componente central para la inclusión de los alumnos con mayores dificultes económicas. Pero no debería pensarse la beca como un modelo único. Este concepto puede tener distintos propósitos, además de garantizar el derecho del acceso a la educación, cualquiera sea el rendimiento del alumno, y de tener en cuenta su situación social y económica.

En esta opción se propone una beca que esté vinculada con la presentación de un proyecto específico, amparado por un docente tutor, para promover el liderazgo y la innovación de los alumnos de nivel secundario. El proyecto debería promover la integración de dos criterios: la extensión o aplicación de saberes del currículum y la promoción de actividades sociales o colectivas (con énfasis en el liderazgo estudiantil).

Podrían presentarse proyectos de investigación en el barrio, de programación o diseño tecnológico, de filmación, de creación de un microemprendimiento, etc. Se trataría en todos los

---

[13] En 2009, la provincia de Córdoba creó la figura del "Coordinador de curso", un cargo de 27 horas semanales, que depende administrativa y pedagógicamente del director de escuela, cuya función es la de coordinar acciones que contribuyan a mejorar el aprendizaje y la socialización de los estudiantes a partir de una lectura sistemática de lo que sucede en cada curso, en términos sociopedagógicos y de la articulación con otros actores institucionales y con las familias de los estudiantes (Res. N° 1613/09, Ministerio de Educación de la Provincia de Córdoba).

casos de proyectos basados en una guía previa que contemple un recorrido, acompañamiento, criterios y ejemplos concretos para apoyar a los alumnos y sus tutores. Para ello, se recomienda crear un documento guía para la formulación de proyectos de beca.

Los proyectos deberían tener un financiamiento muy básico, lo suficiente para empujar y ejecutar la iniciativa, pero no tan alto como para generar una competencia entre alumnos o establecer un incentivo centrado solo en lo económico. Esta definición podría combinarse con becas grupales, renovables, de períodos cortos (3 meses) y largos (1 año), que brinde posibilidades a una amplia cantidad de alumnos para no generar una elite de beneficiarios, sino lograr el objetivo de movilizar la creatividad y la confianza masiva en los alumnos.

Eje temático 4
Currículum, materiales y áreas específicas de conocimiento

Opción 57 (Idea) - Política de sistematización y difusión de materiales para orientar la enseñanza

Frente a la renovación en materia de contenidos, tanto el Ministerio de Educación de la Nación como los de las provincias elaboraron una gran cantidad y variedad de materiales de desarrollo curricular destinados a los docentes para orientar la enseñanza en las aulas.[14] A esto se suma la gran producción del mercado editorial y la creciente aparición de materiales de apoyo al currículum en Internet.

Sin embargo, la disponibilidad de estos materiales en las escuelas varía enormemente. Los Núcleos de Aprendizaje Prio-

---

[14] Una investigación demuestra que entre 1993 y 2002 el gobierno nacional produjo más de 600 títulos de apoyo curricular (Batiuk, 2005).

ritario (NAP) y los diseños curriculares, que deberían ser documentos de apoyo insustituibles para el docente, en muchos casos solo están disponibles en Internet o en fotocopias. En la variación de disponibilidad y uso de estos materiales se constata una de las raíces de las disparidades en la enseñanza de los docentes, que derivan en una ruptura de los principios básicos de construcción de una cultura común basada en la escuela. Para aprovechar la riqueza de las diversas fuentes y materiales de apoyo pedagógico, se sugieren las siguientes líneas de acción:

- Elaborar un diagnóstico de la disponibilidad y uso de los materiales curriculares y de apoyo a la enseñanza que tienen las escuelas y los docentes, para diseñar una política específica de sistematización y difusión.

- Garantizar la disponibilidad de una copia impresa del diseño curricular y de los NAP para todos los docentes.

- Crear una base de datos pública para acceder desde Internet a todos los materiales de apoyo a la enseñanza elaborados por el Estado (complementaria con la Opción 58).

- Establecer prioridades por zonas geográficas y áreas curriculares (de acuerdo con el diagnóstico y las pruebas de evaluación de calidad) para entregar copias impresas de los materiales de apoyo a la enseñanza según áreas disciplinarias y modalidades.

- Elaborar una lista de textos literarios, enciclopedias, diccionarios, libros de arte, documentos por áreas (ciencias sociales, ciencias naturales, etc.), de divulgación científica, textos en lengua extranjera y bibliografía para docentes. Realizar recomendaciones periódicas sistémicas, no de grandes cantidades de publicaciones y referencias, sino de aquellas específicamente destacadas, que merecen ser conocidas y discutidas por todos los docentes de la provincia.

Opción 58 (Idea) - Elaborar materiales de apoyo curricular para potenciar la enseñanza

Sobre la base del diagnóstico sugerido en la Opción 37, y como complemento de la opción anterior, es fundamental crear materiales para apoyar la enseñanza. Esta sugerencia está relacionada con la falta de sentido curricular y de apropiación de tramos disciplinares por parte de los docentes, con la débil orientación y ejercicio práctico, y con el futuro profesional y laboral de los alumnos.

Para dar consistencia a la práctica de enseñanza de los docentes en todos los niveles, podrían elaborarse al menos cuatro libros centrales de apoyo curricular (divididos por niveles educativos):

- **Libro de secuencias didácticas.** Se trata de una guía de aplicación de todos los contenidos curriculares fundamentales para la enseñanza. Las secuencias didácticas deberían fortalecer una pedagogía reflexiva, no meramente dirigida a su aplicación. Es una forma de ahorrarle tiempo de planificación a los docentes que lo necesiten, con coherencia interna y continuidad, para dar forma a prácticas de enseñanza sólidas y significativas.

- **Libro de sentido curricular.** Consiste en una guía de apoyo curricular en la que se expresan las diversas relaciones entre los contenidos curriculares y su importancia para la vida de los alumnos. En él se brindan ejemplos prácticos de aplicación de los contenidos, usos en la vida corriente y su importancia en la formación de las capacidades cognitivas o en el desarrollo ciudadano.

- **Libro de orientaciones profesionales y laborales.** Como continuación del libro anterior, aquí se trataría de ofrecer a los alumnos de nivel secundario distintas relaciones entre lo que están estudiando en cada materia de cada año y sus posibles derivaciones para la vida laboral futura. Este libro sería una guía constante para ayudar a formar intereses, campos laborales y anticipar proyectos de vida que puedan enriquecerse durante toda la escolarización secundaria.

- **Libro de recursos curriculares**. En él se daría un repertorio de recursos para apoyar cada tema y eje curricular para la práctica docente, incluidos videos, aplicaciones, libros, páginas web, programas, experiencias, etc.

Estos libros podrían ser brindados en versión digital en las computadoras de los docentes o en la propuesta de la tableta (Opción 82), lo cual podría favorecer un análisis de sus usos mediante las herramientas de lectura de datos de Internet (Opción 86).

Opción 59 (Idea) - Currículum en profundidad

Un problema central del currículum es su extensión. Los alumnos son llevados por una lista larga, muy larga, de temas y disciplinas. Ven muchas cuestiones de forma superficial, que no terminan de entender ni logran apropiarlas porque siempre el tiempo apremia y hay que pasar a otro tema.

Un idea para vencer esta matriz curricular tan extensa es la propuesta del pedagogo inglés Kiegan Egan, llamada "aprendizaje en profundidad" (Egan, 2010). La base de esta propuesta es dar algunos temas multifacéticos a los alumnos para que los recorran durante toda su escuela primaria. Son temas generativos, que incluyen diversas perspectivas y conocimientos para desarrollar, como el agua, el ferrocarril, el número cero, el piano o las revoluciones.

Cada alumno podría recorrer entre dos y cuatro de estos temas durante su educación primaria y desarrollar saberes en profundidad hasta exponer ante los demás su conocimiento teórico o práctico.

En pocos años, cada alumno sería el máximo experto de la escuela en ese tema. De esta manera, se logra un sentido de apropiación del conocimiento que puede trasladarse luego a nuevos intereses.

Esta propuesta podría ser implementada de forma optativa por las escuelas con guías del Ministerio de Educación, ferias de exposición de trabajos y adaptaciones curriculares para dar espacio y tiempo a su aplicación.

Opción 60 (Base) - Promover el uso de las bibliotecas escolares

Las bibliotecas son espacios centrales de las escuelas, tal como lo demuestran distintos estudios sobre factores asociados a los logros de aprendizaje (LLECE-UNESCO, 2010). En los años recientes, la disponibilidad de libros y bibliotecarios se ha incrementado en la Argentina. Si bien equipar las bibliotecas sigue siendo un desafío, es esencial fortalecer su rol estratégico en el centro de la vida pedagógica escolar.

Las siguientes sugerencias buscan favorecer un uso frecuente de las bibliotecas escolares, basado en la interacción con las prácticas pedagógicas, para fomentar la confianza de los alumnos, su autonomía en el proceso de aprendizaje y sus responsabilidades respecto de los bienes de la institución.[15]

- Establecer normas para la gestión conjunta (entre docentes y alumnos) de las bibliotecas escolares y del aula. Podría elaborarse un reglamento general (con adaptaciones creadas por cada escuela), que incluyera actividades como catalogación, promoción de títulos y circulación de libros fuera de la escuela, con un régimen de préstamos de libros semanal o quincenal.

---

[15] Sugerencias similares son contempladas en el documento "Abriendo tesoros: bibliotecas escolares", producido para las escuelas por el Ministerio de Educación de la Provincia de Córdoba: http://www.igualdadycalidadcba.gov.ar/SIPEC-CBA/sitio%20biblioteca/AbriendotesorosBPM.pdf

- Promocionar el préstamo de los títulos disponibles entre los miembros de la comunidad educativa (familiares, vecinos), especialmente en zonas urbanas marginales y rurales, donde el acceso a materiales de lectura es limitado.

- Realizar campañas de promoción de las bibliotecas escolares a través de la producción de carteles y jornadas anuales en las que participen promotores de lectura, bibliotecarios, narradores, entre otros.

- Permitir y fomentar el uso de la biblioteca y de los espacios disponibles en la institución en contraturno para realizar diversas tareas que los alumnos necesiten. Esto podría fomentar, a su vez, la construcción del sentido de pertenencia, el cuidado de los bienes de la institución y su reconocimiento como bienes públicos.

- Aprovechar las recomendaciones precisas y creativas del Plan Nacional de Lectura (Resolución 1044/08), que incluyen encuentros con escritores, lectura en voz alta diaria y fichas lectoras por alumno, entre otras.[16]

- Establecer un listado de títulos diversos para cada área del currículum como meta de lectura por año escolar en todas las escuelas. Podrían generarse reuniones masivas de difusión del listado, acompañadas por orientaciones sobre los títulos seleccionados, la biografía de sus autores e información adicional que enriquezca los temas tratados en la bibliografía.[17]

---

[16] Véase el Anexo 1 de la Resolución 1044/08, "Plan Lectura. Programa Educativo Nacional para el Mejoramiento de la Lectura".

[17] Portugal puso en marcha una iniciativa interesante en esta dirección. En el marco del plan nacional de promoción de la lectura "Ler+", se creó un sitio web destinado a recomendar nuevas lecturas, donde para cada nuevo libro hay un video con orientaciones sobre su contenido y posibles usos.

Opción 61 (Base) - Fortalecer la alfabetización y divulgación científica en las escuelas

Los alumnos deben tener la oportunidad de conocer y experimentar la ciencia como un proceso de construcción progresiva de ideas, procedimientos y metodologías, a través de diversas formas de trabajo escolar que potencien la curiosidad y el asombro de los participantes. Para ello, los ministerios provinciales podrían desarrollar las siguientes iniciativas, vinculadas estrechamente con el de Mejoramiento de la Enseñanza de las Ciencias del Ministerio de Educación de la Nación:[18]

- Formar un equipo de especialistas que desarrollen propuestas de enseñanza para aumentar las oportunidades de los alumnos de conocer y experimentar distintas ideas y modos de indagación de la ciencia.

- Implementar una propuesta de capacitación específica, innovadora en su formato, con experiencias y modelos de participación de científicos, para involucrar a los docentes.

- Organizar un evento sobre enseñanza de las ciencias que tenga como propósito el intercambio entre docentes de nivel primario y secundario para exponer, discutir y conocer experiencias que se hayan desarrollado en las escuelas.

- Organizar un programa de visitas de científicos de diversas disciplinas a las escuelas para conocer distintos modos de "hacer ciencia", conocer su trabajo cotidiano y también los problemas éticos relacionados con el desarrollo científico-tecnológico.

---

[18] Existen otras iniciativas por el estilo en distintos países tales como Chile (http://www.ecbichile.cl/), Francia (http://www.lamap.fr/), Colombia (http://pequenoscientificos.uniandes.edu.co/) y Brasil (http://educar.sc.usp.br/mm/).

POLÍTICAS PEDAGÓGICAS Y CURRICULARES

- Relevar el equipamiento de laboratorio y sus usos, para promover una distribución de equipamiento que potencie las propuestas reseñadas.

- Promover los campamentos científicos, las ferias de ciencias, la "semana de la ciencia" y otros formatos innovadores para la experiencia de aprendizaje de los alumnos.[19]

Opción 62 (Base) - Promover la apreciación, formación y producción de arte

La gestión cultural reconoce una rica historia de producciones locales y regionales a través de manifestaciones musicales, plásticas, literarias, de danza, artesanales, entre otras. A través de distintos medios, puede accederse tanto a producciones de otros lugares como de otras épocas. En ocasiones, la gestión de la enseñanza, tanto en el terreno político como en el escolar, se mantiene indiferente frente a estas expresiones culturales locales.

La siguiente serie de iniciativas podría integrarse en una política específica:

- Definir la asistencia de los alumnos a por lo menos tres muestras de arte por año que se desarrollen en la provincia y que alternen expresiones de diverso tipo (música, danza, plática, teatro, cine), que incluyan el traslado y el ingreso a través de convenios, donaciones u otras estrategias.

- Organizar de forma conjunta jornadas provinciales de música y danza con artistas locales y con la participación de escuelas e institutos de nivel superior, en las que los alumnos puedan asistir a los espectáculos y participar de

---

[19] Véase la iniciativa "Expedición ciencia" que expresa esta visión y la lleva a la práctica: http://www.expedicionciencia.org.ar/.

talleres para "experimentar" con el uso de instrumentos y con las danzas de los espectáculos.

- Organizar visitas de artistas y personajes de la cultura a las escuelas para promover sus producciones y divulgar las características de sus oficios, incluidas sus historias personales y los problemas y desafíos que se les presentan en su trabajo cotidiano.

- Producir herramientas educativas para ver por televisión. El ministerio provincial podría informar a las escuelas sobre la programación del canal Encuentro y canales que incluyan programas culturales (cada mes o cada bimestre) y producir orientaciones para que los docentes desarrollen propuestas de enseñanza de diversos temas a partir de dicha programación.

- Realizar un programa con propuestas culturales para los períodos de vacaciones, destinado a los alumnos que no cuenten con posibilidades de acceder a estas ofertas por las limitaciones económicas de sus familias.

- Crear un programa de orquestas estudiantiles, como medio para promover la música y articular lazos sociales en las escuelas y en la comunidad.[20]

Opción 63 (Base) - Revisión de la educación física en las escuelas

Aunque la educación física tenga una larga tradición como área curricular en nuestro país, muchas veces ocupa un lugar poco relevante y no cuenta con espacios, materiales o propuestas de

---

[20] El Proyecto de Orquestas Infantiles y Juveniles es una experiencia interesante que surgió en 1998 como parte del Programa ZAP (Zonas de Acción Prioritaria) del Ministerio de Educación de la Ciudad de Buenos Aires y luego se expandió a otras provincias. En 2008, se generalizó cuando el Ministerio de Educación de la Nación creó el Programa Nacional de Orquestas y Coros Infantiles y Juveniles para el Bicentenario.

enseñanza actualizadas. La educación física tiene diversas funciones: garantizar actividad física sistemática, fortalecer compromisos colectivos y espíritu de equipo, formar en valores de respeto por las reglas y el sentido de la justicia, estimular el sentido de pertenencia institucional y posibilitar el intercambio con alumnos de otras instituciones y regiones de la provincia, entre otras.

Además, el deporte constituye una "forma de aprender" diferente de las que ocupan la mayor parte del tiempo en las escuelas y puede resultar una vía para que se valoren las habilidades y el esfuerzo de alumnos que son especialmente capaces en esta área respecto de otras más tradicionales del aprendizaje escolar. Con este propósito, los ministerios provinciales podrían tomar algunas de las siguientes medidas:[21]

- Implementar convenios con los clubes de barrio (muy extendidos en el país) para el uso de las instalaciones, que suelen ser escasas y poco adecuadas en las instituciones escolares.

- Organizar torneos deportivos provinciales de distintas disciplinas, por lo menos una vez al año, en los que participen no solo las escuelas estatales sino también las privadas, como una estrategia privilegiada de intercambio entre alumnos de uno y otro sector.

- Coordinar eventos deportivos no competitivos que apelen a la participación de niños y jóvenes escolarizados y no escolarizados, con el fin de tender puentes para la reinserción escolar y el fomento de la actividad física como medio de desarrollo personal.

- Organizar en las escuelas clínicas deportivas y artísticas en técnicas corporales y expresivas, para promover diversos

---

[21] Para una descripción más profunda y contextualizada de las medidas propuestas, véase Veleda, Tchintian, Coppo y Gigli, 2009.

deportes y expresiones artísticas (como baile, clown, circo o murga) y que los alumnos puedan conocer distintas experiencias formativas y profesionales.

- Desarrollar un programa de deporte especial destinado a escuelas rurales aisladas y de difícil acceso, para garantizar su formación y su participación en los torneos.

- Comprar materiales de orientación didáctica para el trabajo interdisciplinario en las escuelas durante períodos de eventos deportivos masivos –con los Juegos Olímpicos como caso paradigmático–, y aprovechar las emisiones televisivas y radiales.

Opción 64 (Base) - Fortalecer la preparación para el futuro de los jóvenes en el estudio y el trabajo

La problemática de los vínculos entre la escuela secundaria y el futuro de los jóvenes es conocida y recurrente. La escasa conexión con el mundo del trabajo es una deficiencia basada en la matriz enciclopédica del modelo de escuela secundaria. También existen reconocidas dificultades en la orientación para los estudios superiores y en la elección de carreras, en contextos donde los jóvenes viven una intensa incertidumbre y una sensación de desconexión de la escuela secundaria con su futuro (BID, 2012b).

Dada la importancia de esta situación, es clave avanzar en definiciones que fortalezcan la preparación de los jóvenes para su futuro, complementarias a las opciones de política planteadas en el apartado específico sobre educación secundaria. Aquí se realizan algunas sugerencias, que podrían formar parte de políticas particulares por la importancia que tienen (véase Vera, 2009):

- Elaborar un mapa de prioridades laborales nacional o provincial, en el que se establezcan las opciones de desarrollo profesional actuales y futuras, según los contextos, recursos naturales y sobre la base de una visión de desarrollo de largo plazo. Este mapa debería ser una tarea central de coordinación entre las áreas de educación, trabajo y ciencia y tecnología.

- Crear un Centro de Experimentación Laboral a nivel provincial o por regiones del país. La propuesta ideal supone recrear condiciones de trabajo concretas, pero a una escala pequeña y con un uso exclusivo para los alumnos. Cada provincia/región podría crear estos centros según la oferta productiva y de servicios que caracteriza a su propio contexto. Se trata de un ámbito donde los alumnos podrían desarrollar pasantías breves como experiencias de trabajo real, pero centradas en una instancia formativa y con la gestión a cargo de los ministerios de Educación y Trabajo en conjunto. Las trayectorias serían acreditadas como experiencias para futuros emprendimientos laborales y permitirían a los alumnos de secundaria tener referencias concretas de prácticas para apoyar sus decisiones vocacionales futuras.

- Crear una página web de orientación vocacional para los jóvenes del secundario, con información variada y expuesta de forma atractiva para la interacción, con herramientas 2.0 y vínculos con distintas instancias de formación y trabajo, videos breves de diversos profesionales que relaten su experiencia de inserción laboral, sugerencias prácticas para apoyar la toma de decisiones y seguimiento de trayectorias laborales de jóvenes, entre otros.[22]

---

[22] El Observatorio Laboral para la Educación de Colombia (www.graduadoscolombia.edu.co) es un excelente ejemplo internacional en la materia.

- Crear un sistema de visitas a referentes de diversas ramas laborales para relatar sus experiencias de trabajo en forma voluntaria, a partir de una guía previamente concertada con las autoridades educativas. Las visitas de trabajadores y profesionales de distintas áreas laborales podrían ser parte de sus obligaciones y estar reconocidas como tareas de extensión, a partir de la firma de convenios específicos con las agencias científicas, asociaciones profesionales y sindicatos.

Eje temático 5.
Evaluación, apoyo y supervisión de las escuelas

Opción 65 (Base) - Política de revisión de las prácticas de evaluación

Los modelos de evaluación y promoción de los alumnos varían enormemente entre provincias, escuelas y a través del tiempo. Un estudio previo indica que, dentro de la normativa educativa, es una de las áreas más activas en materia de cambios (Veleda y Batiuk, 2009). Poco se sabe acerca de qué modelos funcionan mejor y qué consecuencias tienen en términos de organización escolar, trayectorias de los alumnos, inclusión, calidad y justicia pedagógica.

En relación con la evaluación de los alumnos, existen diversos mitos y obstáculos en las representaciones y en las prácticas del sistema. Por eso, aquí se propone una política sistemática de reflexión y consolidación de un proceso de evaluación continua, procesual y preventiva, consistente con las restantes políticas de este capítulo.

A través de la producción de normativa, documentos, jornadas institucionales e instancias de capacitación, los ministerios podrían promover algunas prácticas de evaluación como las que se detallan a continuación:

POLÍTICAS PEDAGÓGICAS Y CURRICULARES

- Institucionalizar espacios de discusión sobre los modelos de evaluación utilizados por los docentes. La fuente principal de consulta podría ser el archivo de modelos de evaluación aplicado en las escuelas, pero también podrían incluirse de manera complementaria los instrumentos elaborados por el ministerio provincial y los modelos de otras instituciones.

- Instaurar la participación de por lo menos dos docentes y un miembro del equipo directivo en la definición relativa a la promoción de los alumnos. Las diferencias de criterio para definir la promoción o repetición de un año escolar son amplias entre las escuelas y dentro de ellas. Convertir esta definición en una práctica colegiada es una alternativa para aclarar los criterios asumidos.

- Establecer instancias de devolución de los resultados de las evaluaciones a los alumnos. Es necesario que los alumnos comprendan de manera informada y fundamentada sus logros y dificultades determinados en las evaluaciones. Para ello, podrían implementarse tanto instancias individuales como grupales, o incluso para toda la clase.

Opción 66 (Esencia) - Crear un sistema integral de evaluación por escuela

Una política educativa central para mejorar los aprendizajes debe crear un sistema integral de evaluación. Las lecciones comparadas e históricas sugieren los siguientes criterios a tener en cuenta al momento de diseñar un sistema integral de evaluación de la calidad.

- La evaluación debe ser diseñada junto con especialistas, docentes, sindicatos y una pluralidad de actores que reconozcan la complejidad y diversidad de los procesos a evaluar.

Sobre la base de consensos generales, los técnicos especializados deberían diseñar las pruebas específicas que garanticen su fiabilidad metodológica.

- La evaluación debe ser censal, para poder devolver resultados a cada escuela y permitir el diseño de estrategias de mejora en cada contexto específico y con el apoyo de los equipos técnicos y supervisores provinciales.

- No se sugiere hacer públicos los resultados por escuela para no generar tensión, competencia o estigmatización.

- Es vital desarrollar o reunir competencias técnicas profesionales sofisticadas para diseñar un sistema de evaluación con estándares rigurosos de excelencia internacional.

- No puede dejarse en manos del corto plazo político la continuidad de las evaluaciones en el tiempo. Se sugiere crear un riguroso marco legal que garantice su independencia, transparencia y regularidad temporal (lo ideal sería establecerlo mediante una ley ampliamente debatida).

Contemplando estos criterios, se propone una evaluación que contenga cinco puntos básicos:

1) **Medición del nivel socioeconómico (NSE) por escuela.** La medición del NSE permite dimensionar el efecto extraeducativo de los aprendizajes, algo vital para contextualizar el impacto de las escuelas en los resultados de calidad. A su vez, los datos de NSE pueden cruzarse con la oferta que tiene cada escuela para establecer un sistema objetivo y transparente de redistribución a favor de las escuelas más vulnerables (Opción 8).

2) **Evaluación de la calidad de los aprendizajes.** Podría realizarse cada dos años en el sexto año de la educación

primaria y el sexto año de la educación secundaria. Si se trata de una evaluación provincial, debería tener los mismos parámetros que el Operativo Nacional de Evaluación del Ministerio de Educación de la Nación, para hacer compatibles sus resultados y darles continuidad y armonía.

Se recomienda aplicarla en todas las áreas de conocimiento: lengua, matemática, ciencias sociales, ciencias naturales, formación ética y ciudadana, educación artística, tecnología y lengua extranjera. Así, no quedarían saberes fundamentales excluidos en la evaluación.

3) **La visión de los alumnos.** Junto con la evaluación, podrían realizarse preguntas a alumnos sobre aspectos de su educación: qué materias disfrutan y cuáles no; si van con gusto a las clases; qué tipo de actividades realizan con mayor interés, y qué opiniones tienen sobre el sistema educativo en sus diversas variables. También en este caso se utilizará la información para dar contexto a las intervenciones de apoyo a las escuelas, pero en ningún caso hacer públicas las opiniones de los alumnos.

4) **Autoevaluación escolar.** De acuerdo con el modelo implementado por UNICEF (Duro y Nirenberg, 2008), se propone realizar autoevaluaciones en cada escuela con la participación de docentes y directivos. El objetivo de este componente es promover una mirada reflexiva constante sobre la práctica, desde una perspectiva integral.

5) **Evaluación docente de la política educativa.** Podría utilizarse un cuestionario para que la comunidad docente pudiera opinar sobre la política educativa y evaluarla: qué funciona y qué no, qué aspectos pueden mejorar y qué sugerencias harían para lograrlo. Sería una evaluación de abajo hacia arriba, para hacer más participativo y democrático el sistema educativo.

La implementación de un sistema integral de evaluación educativa es vital para las siguientes opciones de política y para transformar el rol de los ministerios de Educación, que pasarían de una situación de virtual "ceguera sistémica" a un trabajo permanente de apoyo a la mejora consciente y constante. Para asistir a las escuelas, los resultados serían utilizados por las autoridades educativas y el cuerpo de supervisión escolar. Esto permitiría crear un nuevo dispositivo de política educativa, que realizara un apoyo integral a cada escuela según sus debilidades específicas y brindara capacitaciones según áreas de aprendizaje.

Una medida reciente en la Argentina, aprobada por el Consejo Federal de Educación, va en esta dirección: el Índice de Mejora permitirá medir los resultados de aprendizajes, la permanencia y la trayectoria por escuela. Este modelo sigue el ejemplo del Índice de Desenvolvimiento de la Educación Básica (IDEB) de Brasil, ya que permite clasificar a las escuelas según su calidad e inclusión (Fernandes, 2007). La principal diferencia de la Argentina con los casos de Chile (SIMCE) y Brasil es que en la primera no se publicarán los resultados por escuela, sino que se usarán para tomar decisiones y apoyar procesos de mejora sin estigmatizar a cada escuela por sus resultados.

Opción 67 (Idea) - Tipificar las escuelas para fortalecerlas: el boletín de información por escuela

El uso de la información educativa para tomar decisiones ha mostrado, hasta el momento, grandes avances en las últimas dos décadas. Sin embargo, suele observarse una subutilización de la información disponible, tanto en las áreas de los ministerios como en su vínculo con las escuelas. Esta ausencia genera diagnósticos intuitivos, aislados, que no permiten direccionar los esfuerzos y establecer prioridades.

Frente a esta situación, se recomienda institucionalizar una política de información anual por escuela, que incluya un bole-

POLÍTICAS PEDAGÓGICAS Y CURRICULARES

tín impreso o disponible en Internet a través de un código por escuela.[23] Esta información debería incluir los siguientes datos de la escuela para facilitar su comparación con escuelas de similares contextos y con el promedio provincial y nacional: a) indicadores de eficiencia del sistema (repitencia, abandono, promoción, sobreedad),[24] b) calidad (resultados en los ONE o en los operativos provinciales, si los hubiere), c) características de la población escolar que atienden (véase Opción 7), y d) condiciones de la oferta (alumnos por docente, disponibilidad de recursos didácticos, bibliotecas e infraestructura), entre otros datos.

El boletín anual debería ser utilizado para establecer prioridades de política educativa, tanto en materia de equipamiento, supervisión y capacitación como en la distribución de los programas específicos. Las escuelas serían tipificadas para profundizar las posibilidades de mejora de acuerdo con sus condiciones de trabajo y para generar mayores niveles de igualdad, con prioridad de las zonas y escuelas más vulnerables según distintos indicadores.

Esto no implica hacer pública la información, ya que no se trata de un índice público, pero sí propone un sistema de información que nutra la toma de decisiones de los agentes públicos (funcionarios, supervisores) y una devolución a cada escuela individual para dotarla de elementos más objetivos de análisis de su evolución comparada.

Opción 68 (Base) - Concursos para la supervisión escolar

El rol de la supervisión es un punto central de la política educativa. Bajo la sombra de una tradición de control y vigilancia estatal, la supervisión tendió a fluctuar entre el exceso de demandas administrativas y una nueva visión de apoyo pedagógico en los

---

[23] El Boletín Escolar implementado entre 1998 y 2002 en el estado de Paraná, Brasil, proporciona un ejemplo interesante (Banco Mundial, 2011).
[24] Véase la alternativa "Legajo único electrónico", basada en la experiencia de Río Negro (Veleda, Coria y Mezzadra, 2012).

años recientes. En muchas provincias, incluso, su lugar fue marginado por la política educativa, al considerar a los supervisores como un cuerpo burocrático no apto para las reformas. Sin embargo, el supervisor sigue siendo una figura clave del Estado en tanto que es bisagra entre el gobierno de la educación y las escuelas.

Para fortalecer y renovar su figura, deben revisarse los parámetros de reclutamiento de los supervisores y, por lo tanto, del sentido de su trabajo. La forma más organizada de encarar este proceso es a través de nuevas instancias de formación para el cargo de supervisor (véase Opción 24). En el camino, resultan fundamentales los concursos de acceso a la supervisión para cubrir cargos vacantes.

La organización de los concursos es una temática poco estudiada y sumamente compleja en los ministerios de Educación provinciales. Se trata de una política que requiere importantes capacidades técnicas para aprovechar al máximo esta instancia en los siguientes sentidos:

- Los concursos deberían tener en cuenta los antecedentes de los candidatos y un proyecto de supervisión adaptado al contexto específico donde se desarrollará la tarea, con un diagnóstico de las problemáticas sociales, productivas, culturales y estrictamente educativas.

- Los concursos se potencian si existe una etapa formativa previa, que puede ser obligatoria u optativa y tomar la forma de un curso o un postítulo, en el que se desarrollen las capacidades necesarias para ocupar la función de supervisión, sobre la base de lecturas, investigaciones y prácticas en el terreno.

- Los concursos deben ser rigurosos y transparentes, con jurados especialmente calificados y con una importante publicidad de su desarrollo. Esto no solo favorece la elección de los mejores candidatos sino que también aporta mayor prestigio a la figura del supervisor concursado.

Opción 69 (Idea) - Informe anual de supervisión escolar

El ejercicio de la supervisión atraviesa los mismos tiempos turbulentos que la docencia. En muchos casos, predomina la casuística y la resolución de problemas inmediatos, urgencias y conflictos en las relaciones interpersonales de los actores escolares y las familias. Pocos pueden hacerse el tiempo para visitar las aulas y trabajar el proyecto pedagógico de cada escuela.

Por lo general, el registro que queda de su trabajo denota este corrimiento de su función hacia tareas administrativas y operativas. Y los registros tienen poco uso en el marco del planeamiento educativo, ya que responden a esa casuística individualizada, pasajera y arbitraria.

Frente a este diagnóstico, se propone crear una herramienta que vincule la supervisión con la política educativa: el informe anual de supervisión. Una herramienta que podría significar una transformación profunda del rol del supervisor, sin inventar su función desde cero y aprovechando su experiencia y su historia institucional. El informe anual de supervisión podría tener las siguientes características:

- Sería una síntesis anual de la visión de cada supervisor sobre su zona o distrito de trabajo. Se trataría de un relato basado en una guía previamente elaborada por las autoridades, que facilitara la comparación y el poder de síntesis.

- Debería sacar a la luz problemáticas concretas de terreno basadas en observaciones directas: aumento o disminución de situaciones específicas de conflicto entre los actores; panorama de la enseñanza en cada área o materia y en cada ciclo y nivel; comparación de estrategias de abordaje de la diversidad social; experiencias innovadoras y exitosas; modelos de gestión, etc.

- Pasarían a ser el material más importante para el planeamiento educativo anual de los ministerios de Educación, una especie de diagnóstico vivo del sistema educativo, palpable, fundado en experiencias concretas y en la capacidad de sistematizar la visión comparada de varias escuelas.

- Debería dar un informe de síntesis global elaborado por la coordinación central de la supervisión sobre la base de un encuentro anual de supervisión donde se revisaran las conclusiones de cada informe.

- Podría crearse un modelo de discusión de planeamiento educativo en el que algunos supervisores destacados presentaran sus informes en un encuentro de trabajo con todas las autoridades del ministerio de Educación, como parte de un proceso más pleno de integración de la voz de la supervisión en la política educativa.

- Los mejores informes anuales podrían dar lugar a una comisión de supervisores expertos que trabajara en la elaboración de un informe de síntesis.

Eje temático 6.
Cohesión social y democracia escolar

Opción 70 (Idea) - Día provincial de la democracia escolar

La cultura de las escuelas tiene fuertes deudas con la consolidación de la democracia. La tradición de un modelo educativo orientado por normas y jerarquías estatales, sumada a la interrupción de la democracia en sucesivas ocasiones durante el siglo xx, dejó sus marcas en la gestión institucional y en las relaciones con la comunidad. No hay, en general, procesos de consulta institucionalizados, asambleas, elección de representantes de alumnos, docentes y padres en consejos de escuela, entre otras dinámicas que permiten experimentar la democracia en lugar de solo aprenderla mediante el currículum oficial.

Una forma específica de revertir este diagnóstico es crear un día provincial de la democracia escolar. Se trataría de una ocasión en la cual celebrar elecciones de los representantes de alumnos por curso y para formar un consejo escolar con representantes de alumnos, docentes y padres, para integrar el consejo de convivencia (Opción 72) o de los centros de estudiantes (Opción 73).

El acto electoral cobraría mucha fuerza si se tratase de un día provincial que unificara estos procesos democráticos, creara conciencia social y alentara la participación de toda la comunidad escolar en el evento. Esto potenciaría las distintas expresiones de la gestión democrática y la participación estudiantil, que apenas están presentes o en estado latente en la mayoría de las escuelas.

Opción 71 (Idea) - Creación de dos días anuales de trabajo educativo social

Un problema central de la educación es la creciente conflictividad entre padres y docentes. La cuestión social invade y desborda las escuelas, sobre todo en los ámbitos urbanos. Crece la cantidad de denuncias en sedes de supervisión e incluso se judicializan los conflictos escolares. Frente a estas dinámicas, la política educativa debe encontrar mecanismos estructurales de apoyo al trabajo docente que fomenten la construcción de mecanismos de cohesión entre la escuela y su contexto.

En esta dirección, se propone una decisión política para el nivel nacional: sancionar dos feriados laborales anuales con asistencia obligatoria de todos los padres a la escuela de sus hijos.

La medida tendría un costo laboral, pero serviría para mostrar la prioridad política de la educación y tendría un importante efecto en la reconstrucción de los vínculos estatales y sociales centrados en la educación. Una alternativa es establecer dos jornadas similares a nivel provincial, sin el carácter de feriados (que es una competencia nacional).

Para las dos jornadas se proponen las siguientes actividades: visita de los padres al aula de sus hijos para conocer el plan anual de trabajo por parte del/la maestro/a; actividades conjuntas entre padres, docentes e hijos para desarrollar el rol de apoyo pedagógico posterior de las familias; presentación del proyecto educativo institucional de la escuela; actividades voluntarias de compromiso con la escuela (reparaciones, pintura, proyectos específicos).

La idea que fundamenta esta propuesta es la necesidad de reparar los vínculos locales a través de un respaldo a la institución escolar. La sanción de los feriados o días de trabajo educativo social es una manera de comprometer a las familias a través de una decisión institucional que garantice el día de trabajo pago para realizar acciones de fortalecimiento del vínculo educativo con las escuelas. Es una manera de aumentar la responsabilidad mutua, entre docentes y padres, en pos del futuro de los alumnos.

Opción 72 (Base) - Instaurar la práctica de definición institucional de normas de convivencia escolar

Los sistemas disciplinarios basados en castigos sin derecho a la defensa y en la expulsión de los alumnos con problemas deben ser redefinidos como modelos democráticos de convivencia, especialmente en el nivel secundario. Esta tarea se inició en muchas provincias hace una o dos décadas, con intentos de cambios en los modelos que no resultan sencillos de trasladar de la teoría a la práctica. Recientemente, se avanzó en la redacción de un marco orientador para la regulación de la convivencia escolar desde la normativa nacional.[25] Para facilitar este proceso, se proponen las siguientes acciones:

- Crear un equipo de asistencia o capacitaciones específicas destinadas a las instituciones, para que elaboren las normas de convivencia escolar y generen sistemas de mediación de los conflictos.

- Fomentar la creación de acuerdos institucionales de convivencia, con la participación de docentes, directivos, alumnos y padres. Dichos acuerdos constituirían un instrumento público en el que se definirían los consensos, compromisos y derechos, y las obligaciones de los integrantes de la comunidad educativa; y podría ser la norma principal de referencia de las instituciones para atender situaciones de conflicto.

- Propiciar la autoevaluación del funcionamiento de los acuerdos y difundir entre las escuelas las experiencias más destacadas en el diseño e instrumentación práctica.

- En la planificación de febrero (véase Opción 43), alentar la definición de un proyecto anual de convivencia escolar que incluya compromisos y objetivos específicos para cada año lectivo.

- Elaborar guías y capacitaciones para desarrollar actividades de integración y juego en los recreos, un espacio muy poco aprovechado por la política educativa para fomentar la integración y la convivencia.

---

[25] La Resolución CFE N° 93/09 aprueba las "Orientaciones para la organización pedagógica e institucional de la educación secundaria obligatoria", que incluye un apartado sobre "Sentidos, orientaciones y regulaciones sobre convivencia escolar".

- Promover actividades de socialización basadas en la escuela que generen un espíritu de participación comunitaria, como las peñas o los festejos populares.

Opción 73 (Idea) - Promoción de centros de estudiantes

Los centros de estudiantes pueden ser una de las primeras instancias democráticas de participación de los jóvenes como parte de su formación ciudadana, su colaboración en prácticas institucionales y su compromiso con la escuela.

Por estas razones, los ministerios podrían establecer normas que avalaran y promovieran su apertura en las escuelas secundarias,[26] con una política específica de capacitación de los jóvenes mediante acciones organizativas, de liderazgo social y comunitarias.[27] Esta normativa debería incluir la definición de pautas para el buen funcionamiento de los centros y propuestas de trabajo sobre este tema, en el marco de la formación ética y ciudadana.

Se recomienda generar actividades concretas en las cuales se faculte la participación expresa de los centros de estudiantes para estimular su constitución y desarrollo inicial. Por ejemplo, se los puede hacer partícipes de los procesos de autoevaluación institucional (Opción 66), de la formación de acuerdos de convivencia, del desarrollo de actividades comunitarias o de jornadas institucionales.

---

[26] La Provincia de Buenos Aires avanzó en este sentido al disponer en la Res. DGCyE N° 4900/05 que "los inspectores, equipos de conducción y docentes deberán promover e impulsar la constitución y desarrollo de los Centros de Estudiantes" y aprobado por la misma resolución el "Modelo de Estatuto para Centros de Estudiantes de la Provincia de Buenos Aires".

[27] La provincia de Buenos Aires desarrolló un amplio proceso de estas características durante el período 2007-2010, luego de detectar la muy baja cantidad de centros de estudiantes en funcionamiento.

POLÍTICAS PEDAGÓGICAS Y CURRICULARES

Opción 74 (Idea) - Promoción de redes de ex alumnos por escuela

La práctica corriente indica que los alumnos pierden casi por completo su relación con las escuelas a las que asistieron. Esto afecta los lazos de solidaridad, pertenencia y capacidad educativa del sistema en su conjunto. Ese efecto de olvido es recíproco: las escuelas no siguen el rastro de sus egresados y los ex alumnos casi que nunca más vuelven a sus escuelas.

Para enfrentar esta realidad se sugiere que las escuelas promuevan la formación de redes de ex alumnos. Esto incluye, en primer término, consolidar un registro del destino de los alumnos una vez que terminan su cursada en la escuela. Puede establecer como práctica regular el envío desde la dirección de la escuela de un mail a cada alumno que haya terminado de cursar su escuela primaria o secundaria el año anterior para conocer su situación (si asiste o no a otra institución educativa, si trabaja, etc.). Ese registro debería ser parte de un proceso de seguimiento de cada alumno, que se activaría una vez concluida su etapa formal dentro de la escuela la cual podría digitalizarse (véase Opción 84).

La base de información podría ser útil para actividades específicas, como charlas a alumnos sobre posibles destinos en los estudios posteriores y en su orientación vocacional. A su vez, las redes de ex alumnos podrían participar también de eventos en la escuela, actividades solidarias, apoyo escolar, etc.

Opción 75 (Idea) - Reconocer las experiencias de educación de gestión social y propiciar vínculos con las instituciones estatales

La educación de gestión social fue reconocida por la Ley de Educación Nacional (art. 13), como un sector que se diferencia de la gestión estatal y privada. Esta definición fue extendida por la Resolución 33/07 del Consejo Federal de Educación. Se reconoce en la educación de gestión social una amplia historia, que tuvo especial desarrollo en América Latina con la tradición de la educación popular (Elisalde y Ampudia, 2008). Sus instituciones propician el compromiso con los sectores más vulnerables, el trabajo abierto a la comunidad, la gestión democrática y participativa (a veces en forma de cooperativas) y la creación de proyectos innovadores con fuertes identidades pedagógicas y sociales.

Sin embargo, una de las dificultades en la definición de la educación de gestión social radica en sus vínculos con el sector estatal y privado y en los criterios que podrían utilizarse para sostener la especificidad del nuevo sector. Un problema recurrente de estas experiencias educativas es la falta de apoyo estatal para garantizar la gratuidad a los alumnos, pese a que atienden mayoritariamente a sectores vulnerables. En torno de estos desafíos, se plantean las siguientes sugerencias para establecer los lineamientos de una política integral que reconozca y fortalezca la educación de gestión social en las provincias:

- Realizar un relevamiento oficial de las experiencias que se inscriben en la categoría de la educación de gestión social y las razones o criterios que la justifican.

- Crear una normativa específica que fundamente la importancia de la educación de gestión social y establezca claros criterios de identidad institucional: la gestión democrática con participación de la comunidad, la búsqueda de la gratuidad y la ausencia de fines de lucro, la definición de proyectos educativos de inclusión centrados en la pedagogía social.

- Definir la progresiva gratuidad de las escuelas de gestión social sobre la base de un esquema de financiamiento estatal que reemplace la modalidad de subsidios a la educación privada por un esquema distinto de garantía estatal de gratuidad que incluya los costos totales del mantenimiento de las escuelas.

- Promover la participación de pares en la selección de los docentes, para evitar un modelo de empleados-empleadores y, a la vez, mantener la capacidad de elegir el propio plantel docente en las escuelas de gestión social.

- Crear lazos concretos con las escuelas de gestión estatal, que permitan compartir la supervisión y la capacitación docente y crear jornadas de diálogo e intercambio de experiencias.

CAPÍTULO 7

POLÍTICAS DE NUEVAS TECNOLOGÍAS PARA LA EDUCACIÓN

El capítulo final de opciones de política educativa es una invitación abierta a mirar el futuro desde una planificación educativa. Debería ser algo redundante: planificación y futuro. Pero en la práctica raras veces lo es. Los ministerios de Educación se ocupan excesivamente del presente y queda poco margen para dimensionar los cambios en marcha y las inmensas opciones que abren las nuevas tecnologías. Apropiarse de ellas para potenciar los aprendizajes masivos de alumnos y docentes es un desafío que marcará el pulso del Estado en los años por venir.

Las opciones que se presentan aquí podrían estar diseminadas en el resto del libro. Las nuevas tecnologías no son un fin en sí mismo. Deben estar conducidas por criterios de justicia distributiva, orientaciones pedagógicas y formas de apropiación por parte del colectivo docente. Sin embargo, agrupar este conjunto de opciones al final les otorga un sentido específico por el peso que tienen las tecnologías, dado su potencial de innovación sistémica de la educación.

Este capítulo retoma una porción de los aprendizajes que recorrimos en un libro reciente sobre el futuro de la educación (Rivas, 2012). Allí vislumbramos un gran potencial para repensar la política educativa. Es posible construir una voz pedagógica más sólida y colaborativa; sistemas de gestión más integrales y menos tediosos; así como curar (una palabra que será mucho más familiar que "seleccionar" en los próximos años) los casi infinitos contenidos educativos que se suman a la web. Estos serán nuevos roles para los ministerios de Educación del futuro. Ya están en marcha.

Opciones de política educativa

Opción 76 (Base) - Crear un área específica en el Ministerio de Educación dedicada a las nuevas tecnologías educativas

La dimensión del desafío de repensar los circuitos y formas de transmisión del conocimiento en el contexto de la modificación permanente de los recursos tecnológicos requiere una respuesta estructural en la organización de los ministerios de Educación. Cada provincia debería tener un área (dirección o subsecretaría, la denominación varía según los contextos) con equipos, presupuesto propio y capacidad de liderazgo para llevar a la práctica algunas de las opciones de política que se presentarán en este apartado.

Más allá de las políticas que se adopten, esta área podría tener las siguientes funciones permanentes, que deberían interactuar con las áreas de currículum y planificación:

- Diagnosticar la disponibilidad, distribución y usos de las TIC[1] en el sistema educativo, su adecuación e introducción en los contenidos curriculares, así como las transformaciones de los dispositivos tecnológicos a nivel internacional. Incluso, podría realizarse un informe bianual de los usos de las TIC en el sistema educativo y de las tendencias que vienen.
- Relevar e informar periódicamente acerca de los recursos en materia de TIC disponibles en Internet, con cir-

---

[1] Tecnologías de la Información y la Comunicación.

cuitos de comunicación fluidos, para difundirlos entre los docentes. La disponibilidad de recursos educativos en Internet es vasta, creciente y dispersa. Podría realizarse una recopilación permanente de los recursos educativos más destacados y difundirlos en las escuelas.[2] La constante revisión de la calidad de los materiales disponibles en formatos diversos (portales, plataformas, cursos, videos, videojuegos, aplicaciones, simuladores, etc.) debería ser un trabajo central para apoyar la práctica docente.

- Realizar las adaptaciones curriculares, organizativas y pedagógicas de las políticas nacionales mediante el uso intensivo de nuevas tecnologías, especialmente en relación con el Programa Conectar Igualdad.

Opción 77 (Base) - Lograr alcanzar el piso tecnológico de conectividad universal en las escuelas

El esfuerzo por aumentar la cobertura del alcance de Internet en las escuelas ha sido notorio en los años recientes. A través de distintos dispositivos y formatos, se logró extender la cobertura, especialmente en conjunto con el Programa Conectar Igualdad y varias iniciativas masivas provinciales. Sin embargo, la cobertura de Internet a alta velocidad para el uso cotidiano de alumnos y docentes dentro y fuera de las aulas es todavía limitada y variada en su funcionalidad.

La definición de una política de pisos tecnológicos que permita expandir abruptamente el acceso a Internet es central para el futuro

---

[2] Una iniciativa de estas características fue desarrollada por Enlaces, el portal educativo chileno, que difundió un "Catálogo de software para Educación Básica" con información sobre 70 programas que el Ministerio de Educación evaluó en forma positiva durante los procesos de licitación realizados (www.enlaces.cl). Educ.ar, el portal educativo argentino, elaboró una "Caja de herramientas" para docentes, que lista más de 25 aplicaciones de uso educativo con guías para su uso y descarga (http://www.educ.ar/sitios/educar/recursos/?seccion=caja_herramientas&referente =docentes).

inmediato de la educación argentina. Muchas de las opciones de política sugeridas en este libro solo encuentran su verdadero potencial a través de la disponibilidad de Internet en todas las escuelas. Este es un punto inevitable para obtener el efecto cascada de políticas transformadoras, de renovación pedagógica y de justicia social.

Opción 78 (Idea) - Crear un programa de recepción crítica de los medios y las tecnologías

La penetración de los medios de comunicación y las nuevas tecnologías en la vida de los alumnos desborda el sistema educativo, al definir nuevas subjetividades, formas de percepción, relaciones e identidades. Hoy más que nunca es necesario correr la frontera de lo que llamamos "sistema educativo" y abordar la compleja y cambiante relación de los niños y jóvenes con las nuevas formas de transmisión de la cultura. Ya no es posible pensar el rol de los ministerios de Educación limitado exclusivamente al sistema escolar y a las tareas clásicas de mantenimiento y expansión de la oferta.

Por eso, se postula la necesidad de crear un programa de recepción crítica del consumo y usos de los contenidos de los medios. Aquí se detallan algunas sugerencias para su diseño:

- Realizar un diagnóstico de los consumos culturales de los alumnos: tiempos y modos de uso de cada medio o dispositivo tecnológico, contenidos que consumen (programas de televisión, videojuegos, páginas web, etc.) y las formas en que se relacionan con ellos (dentro o fuera del hogar, en soledad o en compañía, etc.).[3] Dicho diagnóstico de-

---

[3] Algunos antecedentes pueden encontrarse en Fundación Telefónica, 2010; Gayo, Méndez, Radakovich y Wortman, 2011; Ministerio de Educación de la Nación, 2006, 2012.

bería realizarse con una frecuencia bianual para seguir los cambios de las tendencias e informar a los docentes al respecto.

- Elaborar una publicación para los docentes con los resultados del diagnóstico y una serie de sugerencias pedagógicas concretas para trabajar con los consumos culturales de los alumnos. Es fundamental aprovechar el gran caudal de relaciones con la cultura y la información de los niños y jóvenes para darles una continuidad con los contenidos del sistema educativo. Los docentes que trabajan con materiales cercanos a sus alumnos –con adecuadas traducciones pedagógicas– son los que mejor acortan la brecha entre los dos mundos, sin someterse simplemente a la realidad de los alumnos sino creando nuevos conocimientos integrados a una cultura común. El rol del Estado es apoyar de forma sistemática y masiva el trabajo de los docentes que tomen esta dirección. Para ello, se recomienda crear una publicación bianual con el diagnóstico y las propuestas pedagógicas.

- Elaborar una guía para el análisis crítico de los medios, utilizando ejemplos concretos de los programas de televisión más vistos o los videojuegos más utilizados por los alumnos. Esta guía debería ser complementada con capacitaciones específicas para los docentes. Además, podría crearse una página web para facilitar el acceso a estos contenidos desde las aulas.

- Realizar un encuentro anual donde las escuelas presenten sus iniciativas, adaptaciones y usos del programa de recepción critica de los medios. Estas instancias son fundamentales, dado que toda etapa experimental de una política debe nutrirse de los saberes compartidos y relatos de experiencias.

- Elaborar una guía de prevención de los usos nocivos de las nuevas tecnologías, especialmente en términos de seguridad, privacidad e intimidad en las redes sociales, donde los alumnos están expuestos desde muy temprana edad a distintos riesgos que subestiman o desconocen.

Opción 79 (Base) - Diseñar un portal educativo provincial con recursos pedagógicos e información para la comunidad educativa

La creación de un portal educativo es un dispositivo clave para canalizar contenidos y formatos valiosos para las escuelas. Muchas provincias ya tienen excelentes iniciativas, como Entre Ríos (Aprender), Ciudad de Buenos Aires (Integrar), Chubut (Tekoa Virtual), San Luis (Todos los Chicos en la Red) y La Rioja (Idukay) (Bilbao y Rivas, 2011).

El diseño de los portales debe ir más allá de la idea de una página web oficial con información institucional y de los programas en marcha. En cambio, un portal debería ser un camino para profundizar los contenidos curriculares y saberes pedagógicos de los docentes.

Los portales debieran diseñarse como complemento del portal Educ.ar, ofrecido por el Ministerio de Educación de la Nación. No debería hacerse una réplica de los recursos ya disponibles en otros portales, sino aprovechar la cercanía de las escuelas para ofrecer una mayor participación de los docentes y alumnos, y para adecuar al contexto local los contenidos ofrecidos. Un portal educativo provincial podría concentrarse en las siguientes funciones:

- Recopilar recursos e información para docentes sobre la oferta de capacitación, novedades culturales provinciales, materiales para planificar clases y disponibilidad de las informaciones sobre Internet, análisis crítico de los medios y programas educativos de la televisión (Opción 78).

- Sistematizar recursos audiovisuales, ya presentes en otros portales o de desarrollo propio de la provincia.[4]
- Diseñar recursos para niños y jóvenes con vínculos e información sobre eventos y oportunidades recreativas, culturales, artísticas, deportivas, comunitarias y científicas.[5]
- Armar un listado de redes educativas y portales de escuelas.
- Sistematizar las publicaciones o revistas electrónicas que recopilen trabajos de alumnos de las escuelas de la provincia. A través de estas revistas, podrían difundirse concursos literarios y relatos de experiencias.[6]
- Publicar blogs producidos por supervisores, directores, docentes o alumnos. Los blogs son un tipo de página Wiki que permite recopilar archivos en forma cronológica, donde diferentes usuarios o visitantes pueden dejar mensajes y realizar comentarios.

Opción 80 (Idea) - Desarrollar un campus educativo virtual

Como parte de la oferta de formación docente continua, tanto en TIC como en otros aspectos de la educación, es fundamental crear en cada provincia un campus educativo virtual. De esta manera, todas las dependencias del ministerio de Educación provincial podrían generar sus propias acciones de capacitación y llegar a

---

[4] Véase la iniciativa "Las 400 clases", desarrollada por CIPPEC y la Fundación Navarro Viola, que contiene una selección de videos y portales de alta calidad con materiales educativos audiovisuales: www.las400clases.com .

[5] En el portal educativo de Mendoza hay una sección destinada a los jóvenes que ofrece información variada, orientada a sus posibles intereses. Véase www.mendoza.edu.ar/ajoven.

[6] En Uruguay existe una revista llamada *Chiquilladas de Uruguay*, que cuenta con secciones donde los alumnos relatan sus experiencias (www.cep.edu.uy).

todos los puntos geográficos de la provincia. Otra forma posible de llevar a cabo esta política es firmar convenios de cooperación con universidades que cuenten con las capacidades necesarias para desarrollarla.

En los cursos ofrecidos por un campus virtual, los docentes tienen la posibilidad de autogestionar sus tiempos de estudio, y pueden relacionarse con los docentes y alumnos a través de los diferentes dispositivos que ofrecen las nuevas tecnologías. A continuación se listan algunas de las iniciativas que podrían coordinarse desde el campus virtual:

- Crear cursos abiertos y libres sobre diferentes temáticas, ya sea en correspondencia con las necesidades del sistema productivo de la provincia o como respuesta a los intereses de los habitantes de la jurisdicción.[7]

- Desarrollar un programa de alfabetización digital para adultos, en coordinación con otras acciones como el Plan Nacional de Alfabetización Digital.[8]

- Implementar un programa de educación on line para que los adultos puedan terminar el secundario de adultos, en articulación con los programas ofrecidos por el Ministerio de Educación de la Nación, tales como el Plan de Finalización de Estudios Primarios y Secundarios (Plan FinEs).[9]

---

[7] Un caso interesante al respecto es el programa Aula Mentor (www.mentor.mec.es), desarrollado por el Ministerio de Educación, Política Social y Deporte de España para la formación "abierta, libre y a través de Internet".

[8] Si bien el objetivo de este programa está centrado principalmente en las escuelas, incluyó dentro de sus destinatarios a desempleados, subempleados y jóvenes desescolarizados con baja o nula formación en TIC.

[9] Este programa cuenta entre sus dispositivos de formación con una modalidad de teleclases, que son emitidas por Canal Encuentro y poseen tutorías virtuales a través del portal Educ.ar (véase www.fines.Educ.ar).

Opción 81 (Idea) - Compra y distribución de pizarras interactivas para la enseñanza

En algunos países existen desarrollos muy extendidos de las pizarras interactivas, especialmente en Inglaterra, donde el 60% de los docentes trabajan a diario con ellas (Kennewell, 2007). Las pizarras interactivas van más allá del proyector y fusionan las nuevas tecnologías con una tecnología familiar en el mundo escolar: el pizarrón. Además, permiten trabajar directamente con las manos (son multitáctiles), mover objetos, dibujar, escribir, navegar en Internet, ver vídeos y hacer simulaciones en 3D, entre muchas otras funciones. Cada clase puede ser guardada para ser reutilizada en el futuro o compartida con otros docentes.

Las pizarras tienen la gran ventaja de ser un dispositivo de exclusivo uso educativo, lo cual permite adaptaciones específicas para la tarea docente. Distintos estudios realizados sobre las experiencias en marcha resultaron muy auspiciosos (Kennewell, 2007). Como toda tecnología, requiere buenos docentes que sepan aprovechar su potencial y no resuelve mágicamente los problemas pedagógicos. Pero su poder es muy amplio, dado que transforma el aula en un ámbito con multiplicidad de opciones de aprendizaje.

La pizarra interactiva debería ser explorada como una herramienta de fortalecimiento pedagógico.[10] Se recomienda analizar costos y alternativas para su implementación a nivel nacional o provincial, en un proceso secuenciado de incorporación, capacitación, experimentación y masificación.

---

[10] Existen experiencias en marcha en la Ciudad de Buenos Aires (http://www.blogs.buenosaires.gov.ar/escuelas/2009/10/02/pizarras-digitales-interactivas/) y en la provincia de Río Negro (http://www.educacion.rionegro.gov.ar/conectarigualdad/?page_id=527).

Opción 82 (Idea) - Crear un dispositivo de conocimiento para los docentes: la tableta electrónica pedagógica

Las nuevas tecnologías deben ser pensadas en su función convergente. Con ese propósito se formula la propuesta de crear una tableta digital especialmente diseñada para la docencia. La tableta tendría una triple función: formación permanente, gestión pedagógica y unidad sistémica.

La función formativa estaría basada en una serie de materiales que el Ministerio de Educación podría incluir y ofrecer en forma constante: publicaciones, videos, materiales curriculares, normativas, etc. Así, podría accederse de forma gratuita a materiales especialmente valiosos, seleccionados por especialistas para ser usados por los docentes en ejercicio. La mejor biblioteca pedagógica en manos de cada docente.

La función de gestión estaría basada en la creación de una plataforma completa para la administración de diversas tareas cotidianas, con ahorro de tiempo y mejora de sus aplicaciones prácticas. La planificación didáctica, el control del ausentismo de alumnos, las calificaciones, la gestión del aula, el calendario escolar y la agenda docente, entre otras aplicaciones básicas, podrían ser introducidas en la tableta.[11]

La función de unidad sistémica puede generarse a través de la analítica de los usos de la tableta. Al poder contabilizar las entradas en cada contenido subido e incluso los usos de las aplicaciones, el Ministerio de Educación estaría en condiciones de conocer sus efectos y direccionar mejor su oferta. Así, es posible tener un mecanismo de evaluación constante de la política educativa, para adecuar la oferta a la demanda docente.

---

[11] Diversas plataformas comerciales están ocupando este espacio codiciado a nivel mundial. Dos de las más masivas son Powerschool de Pearson y Schoology.

¿Por qué una tableta y no una computadora personal? La principal virtud de una tableta es que se trata de un dispositivo que facilita la lectura. Dado que la primera función, de formación en servicio, es la más importante, se propone una tableta que contenga un caudal de textos y videos para la capacitación docente, como principal innovación. Sería complementaria a las *netbooks* ya existentes del Programa Conectar Igualdad, que tienen muchas otras funciones.

Esta opción de política es ambiciosa y requiere altas capacidades técnicas para su aplicación. Más allá de esas limitaciones, sugiere el enorme potencial que tienen las nuevas tecnologías para repensar la articulación de la política educativa a fin de ayudar a formar de manera constante y sistémica a los docentes.

Opción 83 (Idea) - Realizar una convocatoria para que los docentes presenten los recursos educativos digitales desarrollados por ellos mismos

Una de las principales innovaciones que permiten las nuevas tecnologías es la posibilidad de que todos puedan desarrollar sus propios recursos digitales. Ya sea en la misma web (a través, por ejemplo, de los webquest o blogs) o en programas de código abierto y circulación no restringida, los docentes pueden crear sus propios materiales digitales de acuerdo con su propuesta pedagógica y con las características de sus alumnos.[12]

---

[12] Un ejemplo de este tipo de acciones es el dispositivo tecnológico desarrollado por el Departamento de Aprendizaje Visual de la Universidad Tecnológica Nacional, denominado HOMOVIDENS. A partir de él, los docentes pueden crear sus propios simuladores digitales para enseñar matemática y física (véase www.sceu.frba.utn.edu.ar/dav/homovid). Otro ejemplo es el programa Profesores para el Futuro (desarrollado conjuntamente por la Universidad Tecnológica Nacional y por Telecom Argentina), que capacita a los docentes para desarrollar estos dispositivos (véase www.profesoresparaelfuturo.com).

En este marco, una posible acción de política, que no solo permitirá que sea reconocido públicamente el trabajo de los docentes en este sentido, sino también socializar sus experiencias, es la organización de una convocatoria para que presenten los recursos digitales elaborados. Estos recursos podrían ser evaluados por especialistas y, en caso de ser pertinente, incluidos en el catálogo del ministerio de Educación provincial que corresponda, ya sea en su portal educativo, en el campus virtual o en otros dispositivos de políticas pedagógicas.[13]

Opción 84 (Idea) - Promover la construcción de portales y blogs escolares

La elaboración de sitios web por parte de las escuelas puede ser una interesante forma de comunicarse con la comunidad educativa y con la sociedad en general. Las páginas escolares pueden brindar la posibilidad de comunicar cuestiones institucionales, difundir proyectos educativos y publicar trabajos de los alumnos, entre otras cuestiones. Al margen o en combinación con la página web institucional, cada escuela podría tener su propio blog.

Para fortalecer las capacidades y los incentivos de las escuelas en el diseño de sus propias páginas web y blogs, podría ofrecerse la posibilidad de alojarlos en el portal del ministerio de Educación provincial. Además, es importante brindar capacitaciones en línea a los docentes para que aprendan a armar ellos mismos estos dispositivos.[14] También podría promoverse que sean los propios alumnos quienes diseñen y actualicen los sitios escolares en los talleres de informática extracurriculares.

---

[13] Esta política fue implementada desde 2003 por el Gobierno de Chile, en una convocatoria llamada "Tus Recursos con Tecnologías" (véase www.enlaces.gov.cl). Otra red interesante es la desarrollada por Microsoft, Partners in Learning, que tiene su plataforma para América Latina: https://docentesinnovadores.net/

[14] Un buen ejemplo de este proceso es el de la provincia de Mendoza (véase www.mendoza.edu).

Por último, podría diseñarse un sistema que pusiera en diálogo estas páginas web y blogs, que los conectara, que sumara discusiones, que creara un espacio colaborativo interescolar. Allí podrían comenzar a desarrollarse actividades compartidas como juegos educativos, escritura colectiva de cuentos, videos educativos, entre otros ejemplos donde los alumnos podrían tener un rol cada vez mayor.

Opción 85 (Base) - Crear listas de correo electrónico para docentes y alumnos

Si bien la tecnología disponible de la web 2.0 permite crear sitios interactivos, en donde las personas de una misma comunidad o aquellas que comparten un mismo interés se pueden informar y comunicar, las listas de correo electrónico "de interés" son una excelente alternativa para quienes todavía no se sienten preparados para participar en la web interactiva.

Una posibilidad es crear listados de correo con administradores que regulen la calidad de los debates sobre diferentes temas que interesen a la comunidad educativa.[15] Estos listados pueden organizarse por temas o por región educativa, para que los docentes de una misma región o distrito compartan aspectos de interés común. Otra opción complementaria es crear listados de correo electrónico en las propias escuelas.

Se trata de un recurso sencillo, ya utilizado por muchas instituciones, pero que podría incentivarse aún más. Para ello, podría empezarse con una política para que todos los supervisores tuvieran un listado de mails para comunicarse con los directores de su zona. Los supervisores deberían fomentar el uso de los listados en las escuelas y con sus pares.

---

[15] Un ejemplo ilustrativo es el desarrollado por el Ministerio de Educación de la Nación, que creó listas de interés sobre Música, Educación Física, Convivencia Escolar, entre otras (véase www.me.gov.ar/it/listas.html).

Opción 86 (Esencia) - Potenciar la enseñanza y el aprendizaje en base a la analítica

Un desafío fundamental de la política educativa es aprovechar las herramientas tecnológicas para dar un giro a sus intervenciones de política educativa y conocer en profundidad lo que ocurre en las aulas. Esto sugiere el uso integral de la analítica de los aprendizajes *(learning analytics),* para potenciar intervenciones significativas que mejoren la calidad educativa (Departamento de Educación, 2012).

La analítica de los aprendizajes implica obtener información sistemática sobre las escuelas, las aulas y los alumnos. Requiere un piso tecnológico básico de conectividad (Opción 77), que será un desafío de universalización previo para poder avanzar en todas las posibilidades de esta propuesta. En el período de transición, pueden realizarse experiencias en algunas escuelas y crear los equipos y bases conceptuales para lanzar un programa de analítica de los aprendizajes a nivel nacional o provincial.

El principal cambio de lógica que propone la analítica es actuar en función de resultados y demandas específicas. Se rompe así con el modelo incremental de "regar y rezar", en el que el Estado envía recursos y programas a las escuelas sin saber realmente qué uso e impacto tienen. La analítica permite medir y registrar respuestas, apropiaciones y aprendizajes, y podría servir, por ejemplo, para los siguientes propósitos:

- Realizar evaluaciones permanentes procesuales de los alumnos para analizar los errores y problemas más corrientes, y reforzar cursos de capacitación y apoyo centrados en las prácticas de enseñanza (esto se verá potenciado con el uso de evaluaciones cortas por Internet, de corrección automática).

- Realizar encuestas (o leer los datos de acceso a medios digitales) entre los docentes sobre el uso de los materiales, actividades realizadas, logros y limitaciones de distintas prácticas pedagógicas. Esto sería esencial para revisar qué libros de texto, videos, portales, lecturas, cursos, capacitaciones o aplicaciones son eficaces y cuáles no, una información vital para acciones futuras de la política educativa.

- Evaluar políticas específicas a través de los resultados de aprendizaje de los alumnos antes y después de ciertas intervenciones. La posibilidad de aplicar encuestas y evaluaciones de aprendizaje masivas instantáneas son de gran utilidad para el rediseño de todas las intervenciones de política educativa.

Como siempre, la disponibilidad de nuevas herramientas tecnológicas no es la clave del éxito. Sí lo es la mirada político-pedagógica y la capacidad del Estado de escuchar las necesidades cotidianas y profundas del sistema educativo. La analítica permite sistematizar una inmensa cantidad de datos, como nunca antes. Con la capacidad técnica necesaria, esta información será muy valiosa, pero requiere también de un liderazgo educativo que le saque provecho.

Opción 87 (Esencia) - Sistema integral de gestión de la información educativa

El desarrollo de un sistema integral de información educativa es una base fundamental para recuperar una visión general que permita al Estado intervenir con precisión y apoyar a las escuelas donde más lo necesitan. Las nuevas tecnologías facilitan la carga digital on line de todos los datos de las escuelas para que la información esté disponible en forma automática y comparada por distrito y escuela, lo que permite que el Estado pueda dar respuestas concretas en un menor tiempo.

Este proceso es posible. Algunas provincias como Santa Fe, Mendoza y La Pampa ya avanzaron en los años recientes. En otros países se logró la carga automática de datos de todo el sistema (como en República Dominicana) y resulta ejemplar ver que no se trata de un proceso tan costoso, sino que requiere decisión política y creación de capacidades técnicas para el uso de la información. La clave de esta propuesta es combinar tres esferas de intervención:

- La mejora de los aprendizajes de los alumnos debe ser el objetivo de la información. Para ello, se recomienda cargar datos vinculados a las trayectorias de los alumnos y tener respuestas integrales sobre la situación educativa de cada escuela (no abiertas al público, sino a la supervisión y gestión del sistema). De existir una evaluación censal de la calidad educativa (Opción 66), esa información resultaría vital para esta primera esfera, especialmente si la devolución puede realizarse rápidamente.

- La carga de toda la información referida al ausentismo de alumnos y docentes y a la gestión administrativa institucional. Esto ahorraría tiempo administrativo de las escuelas y permitiría hacer más transparente y eficiente el uso de los recursos, al detectar cualquier anomalía y conocer situaciones de anomia institucional que requieran de un apoyo especial del Estado.

- La carga de toda la oferta de las escuelas, para tener un mapa constante del sistema en tiempo real: equipamiento, estado edilicio, alumnos por sección, cargos y horas de clase, por ejemplo. Esta información es vital para establecer prioridades de inversión por escuela. Si se la combina con los datos de nivel socioeconómico de los alumnos (Opción 7) puede contarse con una herramienta muy poderosa de justicia distributiva.

Opción 88 (Esencia) - Sistema de capacitación docente ampliado: la oferta virtual

La idea de capacitación está cambiando y cambiará radicalmente en el futuro cercano. Nunca antes hubo tantas opciones de formación permanente como en el presente. Grandes universidades del mundo están ofreciendo cursos gratuitos masivos, existen plataformas de clases y posgrados virtuales en una enorme variedad de formatos y temáticas.[16] Es vital que el Estado replantee su regulación sobre la capacitación para incluir estos formatos (Opción 22).

Por eso, se recomienda realizar una profunda revisión de los sistemas de capacitación docente, que incluya los siguientes puntos:

- Creación o refuerzo de un campus educativo virtual del Ministerio de Educación, donde todas las dependencias del ministerio puedan realizar diversos ejercicios y cursos de actualización profesional.

- Revisión integral de los sistemas de puntaje de la carrera docente (véase Opción 22) para incorporar las distintas alternativas de formación permanente virtuales o semipresenciales. Es importante incorporar al sistema de puntaje nuevas versiones de la capacitación, que son cada vez más difíciles de encuadrar y clasificar, pero que no pueden ser desconocidas, porque al no motivar su utilización se desaprovecha una gran herramienta.

- Crear nuevos circuitos virtuales de capacitación, con recomendaciones de cursos, clases, videos, plataformas. El Estado debe hacer cada vez más el papel de "curador" de contenidos y ofertas que existen a nivel local e inter-

---

[16] El caso más paradigmático de los cursos en línea masivos y abiertos (MOOC, por sus siglas en inglés) es la plataforma Coursera (www.coursera.org).

nacional, con la capacidad de explicar y sugerir sus potencialidades para los distintos intereses y desafíos de la profesión docente.

- Establecer nuevas dinámicas de capacitación experimentales. Es necesario probar distintos modelos para intentar involucrar a los docentes en los circuitos virtuales de formación permanente y aprovechar sus bajos costos. La prueba y error pueden hacerse gracias a los bajos costos y a la analítica (véase Opción 86), que permite medir la participación y usos de los docentes, así como evaluar de forma inmediata su relativa aceptación. La experimentación debe incluir distintos formatos de tiempos, estilos, diseños, y modelos de participación e intercambio.

Opción 89 (Idea) - Concurso de emprendimientos educativos innovadores

Los nuevos tiempos están llenos de innovadores ocultos. Las tecnologías habilitaron el acceso de millones a las herramientas necesarias para crear invenciones con un enorme potencial educativo. Los cambios y las propuestas de mejora ya no pueden ser pensados solo desde arriba hacia abajo, con un modelo de planificación controlado por el Estado. Pero sin un esquema adecuado, tampoco surgirán por sí solas, o al menos no tantas ni tan buenas.

Por eso, se recomienda crear un programa de apoyo a los emprendimientos educativos innovadores. Lo ideal sería bajo la forma de un concurso anual para financiar en parte o integralmente distintos start-up educativos, sin fines de lucro y con libre acceso para fomentar un modelo ampliado de educación pública.

No todo pasará en las escuelas, el sistema educativo está expandiendo sus fronteras. Podrán darse nuevos pasos para potenciar el derecho a la educación en los años venideros. El sector privado alimentará buena parte de esos desarrollos. En algunos, será vital la alianza con el Estado; en otros, primará el criterio de lucro. Por eso, es importante apoyar a los jóvenes emprendedores, dotarlos de recursos, ideas y compromiso con la educación, para evitar que su única motivación sea la económica.

El concurso de emprendimientos educativos innovadores debería estar basado en un comité de especialistas que garantizaran transparencia y una visión de futuro. Es hora de apostar a alianzas entre educadores y programadores, nuevas aplicaciones, usos masivos de tecnologías de bajo costo, innovaciones que lleguen a los alumnos con videojuegos educativos, redes sociales para el estudio e instancias de realidad virtual aumentada, entre muchas otras derivaciones de las posibilidades tecnológicas en curso. El Estado tiene un nuevo rol para mejorar y transformar la educación, ampliar las esferas de conocimiento de los alumnos y repensar qué papel tendrán como coprotagonistas del aprendizaje.

CONCLUSIONES Y DESAFÍOS EN MARCHA

Los desafíos del presente

Puede verse el largo listado de opciones de política educativa como una interminable sábana de demandas incumplibles y desear escapar de la función pública lo antes posible. O sentir impotencia por la dificultad para generar las condiciones de gobierno y los recursos necesarios que permitan plasmar buena parte de ese listado en la realidad. Pero también puede verse ese listado como una síntesis de las oportunidades que brinda la función pública de la educación, como lugar desde donde transformar el futuro de la Argentina.

Los desafíos del presente son inmensos. Un breve repaso del diagnóstico indica que la educación argentina atraviesa una profunda fragmentación interna. El federalismo que gobierna el sistema educativo se asienta sobre grandes desigualdades y disparidades. Hay provincias con muchos más recursos, capacidades técnicas o gobernabilidad que otras. Es difícil articular políticas entre 24 jurisdicciones. El sesgo positivo del federalismo es su capacidad para aprender en la diversidad y más cerca de cada contexto. La cara negativa es la complejidad para coordinar acciones coherentes comunes.

La fragmentación no viene solo ni principalmente del régimen federal. La Argentina fue el país que tuvo más variación en sus resultados por escuela de todos los participantes en las pruebas PISA de 2009 (OCDE, 2010). Esto indica que cada escuela está en su mundo, como si fueran islas. Sus resultados son muy diferentes, incluso en contextos provinciales o sociales similares.

La brecha social se amplió como en ningún otro país en la región entre 1975 y 2003. Este proceso desestructuró las comunidades y la vida en las escuelas. La segregación creció y cada escuela quedó atada a su contexto inmediato. La recuperación económica posterior no alcanzó a suturar la amplia desigualdad ni la ruptura social, especialmente en los contextos urbano-marginales.

A este complejo escenario se sumó la flexibilización curricular de los 90 y la aplicación de la nueva estructura de niveles de la Ley Federal de Educación. Ambos procesos fragmentaron aún más el sistema educativo. Un currículum muy enciclopédico y generalista se tradujo en diferencias cada vez más amplias de aplicación y en el crecimiento de un mercado privado que suministró herramientas concretas para la enseñanza y el aprendizaje, como los libros de texto.

La fallida aplicación de la EGB y el Polimodal desgastó a las escuelas, confundió a las familias y desarticuló aún más el régimen federal, con aplicaciones tan diversas como incomprensibles en las distintas provincias. La ampliación de la cobertura, que fue el logro más marcado de los 90, no pudo conseguirse con un verdadero proceso de inclusión que asegurara la retención y concentrara el tiempo en la enseñanza.

En este contexto, se degradó la profesión docente. Los salarios ya habían caído en los 80 y no se recuperaron en los 90, cuando se sumaron además las mayores dificultades para ejercer el rol en medio de los crudos cambios sociales de las crisis y el desempleo. La docencia se convirtió en una opción para tener seguridad laboral, en lugar de ser un desafío vocacional o un prestigioso trabajo profesional vinculado con el conocimiento.

Las escuelas se convirtieron en refugios para contener la desbordante situación social y afectiva de los alumnos. Se desatendió la enseñanza, se perdió la continuidad del programa curricular, la secuencia prolongada de un mismo docente con un mismo grupo de alumnos. Creció el ausentismo, como expresión de un cuerpo docente que cruje ante la tarea que lo ocupa, que sobrepasa su formación y desborda lo pedagógico.

Este proceso fue especialmente crítico en los contextos urbanos. El pasaje de alumnos de escuelas públicas a privadas es una señal de ello, como signo de una creciente segregación interna del sistema educativo. Las familias buscan resguardos ante la disparidad social y el calendario escolar irregular.

El Estado, como los docentes, vio cómo se multiplicaba su función mientras se perdía el rumbo pedagógico. Poco se discute de pedagogía en los ministerios, atravesados por urgencias y constantes presiones. El diagnóstico es similar hacia abajo y arriba, en escuelas y ministerios. Por eso, es vital recuperar la mirada pedagógica de la política educativa. Para ello, es posible apoyarse en las conquistas logradas en los años recientes como puntos de partida.

Los avances recientes

A pesar de todas estas dificultades y desafíos pendientes, en los años recientes se lograron avances educativos importantes. La Ley de Educación Nacional, sancionada en 2006, amplió derechos, estableció la obligatoriedad de la educación secundaria y buscó la articulación de la estructura de niveles, con dos opciones: una primaria de 6 o 7 años y una secundaria de 6 o 5. Esto fue generando una mayor convergencia entre las provincias, luego de la extrema fragmentación de los años 90.

Se crearon los Núcleos de Aprendizaje Prioritario (NAP), que definen los contenidos fundamentales y dan más claridad a la tarea docente. Se sancionó la Ley de Financiamiento Educativo, otro hito fundamental del período reciente. Se logró su cumplimiento entre 2005 y 2010, que pasó del 4 al 6,2% del PBI destinado a la educación en el conjunto del esfuerzo nacional y provincial. Esto significó pasar del puesto 81 al 19 en el ranking mundial de financiamiento educativo (Bezem, Mezzadra y Rivas, 2012).

Así, se favoreció la dimensión material de la oferta educativa. Se construyeron numerosas nuevas escuelas y cargos docentes que permitieron aumentar la matrícula, especialmente en el nivel inicial.

A su vez, los salarios docentes mejoraron notablemente entre 2004 y 2008, y las escuelas tienen hoy más equipamiento que nunca, especialmente a partir de la llegada de la política de una computadora por alumno, libros de texto gratuitos para los alumnos y las mejoras de las bibliotecas. También se logró una recuperación de la educación técnica, con financiamiento nacional que logró la modernización integral del equipamiento de este tipo de escuelas.

Otras políticas fueron importantes, aunque todavía sin la profundidad y la capacidad de cambio que indican las necesidades del diagnóstico. La reforma de la educación secundaria, la creación del Instituto Nacional de Formación Docente y la incipiente política de extensión de la jornada escolar en el nivel primario son ejemplos de políticas nacionales en marcha.

Las nuevas tecnologías fueron un capítulo de mayor decisión y énfasis político. Conectar Igualdad es a la fecha el mayor programa mundial de entrega de *netbook* gratuitas por parte del Estado y abarca a todas las escuelas secundarias públicas. El portal Educ.ar acompaña con contenidos digitales y capacitación docente las iniciativas en marcha de incorporación de las TIC a las escuelas. También algunas provincias (La Rioja, San Luis, Río Negro y Ciudad de Buenos Aires, especialmente), dieron sus propios pasos en el nivel primario.

Estos caminos son promisorios y marcaron notables mejoras para la educación de las futuras generaciones. Pero en muchos casos son insuficientes para abordar el crítico diagnóstico señalado. Los caminos deben ser ampliados, fortalecidos y repensados, para lograr torcer el rumbo y garantizar el derecho a la educación en todos los territorios. Sobre las bases de lo logrado es posible construir nuevas capacidades de gobierno y políticas a nivel nacional y en cada provincia.

¿Qué hacer ahora?

El objetivo de este libro no es recomendar políticas como si fuesen recetas para probar en los contextos. La larga lista de opciones de política no es un plan de gobierno, ni siquiera aborda muchas de las cuestiones centrales de la educación. Es solo un muestrario para retomar lo que muchas provincias y países ya están desarrollando, y para abrir la imaginación sobre política educativa, indicando caminos para discutir según cada contexto.

Pero, a la vez, ese amplio listado puede marear las decisiones y dispersar las prioridades. En este capítulo se intenta marcar criterios para abordar el diagnóstico. Lo que sigue puede ser considerado como una hoja de ruta; es decir, una forma posible de dar mayor coherencia y organizar las opciones de política educativa con cinco criterios generales de navegación.

Una visión del cambio centrada en la justicia distributiva

La magnitud de las desigualdades sociales requiere aplicar políticas educativas redistributivas. Es esencial poner a los sujetos populares, y a todos aquellos que están en condiciones de debilidad con respecto a las relaciones de poder de la estructura social, en el centro del sistema educativo (Veleda, Rivas y Mezzadra, 2011). Las políticas deben garantizar un doble criterio de redistribución y reconocimiento que se refuercen mutuamente. Ninguna asistencia material basta si no se reconoce la especificidad de los contextos, si no se amplían las esferas de expresión y el éxito de los alumnos.

Un ejemplo materializa esta formulación: la política de extensión de la jornada escolar (Opción 45). Bien diseñada, puede cambiar la oferta educativa de los sectores populares, crear un gran efecto redistributivo. Al mismo tiempo, tiene el potencial de reconocimiento al incluir nuevos espacios curriculares, al variar las opciones de protagonismo de los alumnos y de personalizar la enseñanza para evitar el fracaso escolar mediado por la repitencia (Veleda, 2013).

Para avanzar en este camino, la redistribución debe comenzar desde la más temprana infancia, para generar condiciones de posibilidad futura de pleno desarrollo educativo de cada niño y niña. A su vez, es importante crear un sistema de medición de la desigualdad educativa, que se base en información objetiva para actuar automáticamente en la distribución de recursos y apoyo escolar en los contextos críticos (Opciones 7 y 8).

Los correlatos de la aguda cuestión social, especialmente en los núcleos urbano-marginales, requieren nuevas intervenciones que puedan generar cohesión social y educativa. Una mirada territorial de la intervención de política educativa se convierte en un punto de apoyo fundamental (Opción 2). Los supervisores, por ejemplo, deben ser agentes de justicia, promotores de integración social y mediadores para que se cumplan los derechos en el plano local (Opciones 68 y 69).

Condiciones laborales y pactos de recuperación de la escuela pública

Para potenciar la escuela pública hay que fortalecer la docencia. Las condiciones laborales constituyen un punto que requiere un nuevo diálogo entre sindicatos y gobiernos, con acuerdos que abarquen integralmente la condición docente actual. Es necesario articular en un mismo movimiento una política salarial, apoyo preventivo para la salud docente, concentración de horas en una misma institución y políticas redistributivas en los contextos más vulnerables.

Los acuerdos transitorios, las negociaciones fragmentarias, las acciones dispersas y discontinuas solo se prestan al mantenimiento de los factores que ahogan la docencia. Reconocer la profunda transformación de los contextos de trabajo docente implica diseñar políticas que reformulen tanto la tarea como la distribución institucional y horaria de los docentes (Opciones 32 y 34). Este proceso debería formar parte de acuerdos entre sindicatos y gobiernos para recuperar la escuela pública.

Expandir la experiencia educativa

Es hora de rediseñar las aulas. Quizás no sea posible hacerlo ni en poco tiempo ni en un solo paso. La visita a las escuelas, especialmente en los ámbitos urbano-marginales y en las escuelas secundarias, nos muestra que el método simultáneo es impracticable, además de que es injusto y condena a los más vulnerables. Quizás, la política de una computadora por alumno ya inició la gran vuelta de página, pero es necesario acompañarla con nuevos horizontes y certidumbres para el trabajo docente.

Dos caminos requieren su traducción en políticas: la personalización de la enseñanza y la diversificación de las prácticas pedagógicas. Es necesario atacar la cultura de la dispersión y las profundas desigualdades en un mismo movimiento. Por ejemplo, la jornada extendida en la escuela primaria y la transformación del régimen académico en la secundaria pueden ser caminos para abrir distintas esferas de justicia pedagógica, que reconozcan las diversas identidades de los alumnos y fomenten en ellos una visión apasionante del conocimiento en sus múltiples facetas.

Las redes de experiencias, los lazos pedagógicos, la revalorización de los docentes que experimentan, toman riesgos, descubren y tienen voluntad de transformación, son ejes de una serie de políticas que podrían ser institucionalizadas desde el Estado (Opciones 36 a 41). Hay que lograr ampliar el derecho de los docentes y escuelas que quieren desarrollar proyectos de innovación, quizás a través de una nueva carrera profesional (Opción 20). No solo se trata de pensar en reconocer el esfuerzo, sino también la voluntad de transformación, que puede vehiculizar cambios dentro de cada escuela. Potenciar a los líderes pedagógicos, a los docentes que hacen escuela dentro de su aula y en su comunidad es una forma concreta de orientar el rumbo del sistema educativo hacia la reflexión crítica del presente (Opciones 38 a 42).

Redefinir el sistema para brindar un apoyo integral a cada escuela y cada docente

La búsqueda de la diversificación de experiencias pedagógicas debe inspirar a alumnos y docentes sin desconocer la cultura común. El principio de integración social basado en la escuela requiere bases compartidas de conocimientos. Estamos convencidos de que no hay institución más poderosa que la escuela para crear el bien común, incluso en la era de los entornos virtuales.

Para caminar en esta dirección es necesario un mayor apoyo curricular y didáctico a los docentes, con la condición de que sea reflexivo y opcional. Por ejemplo, una política de evaluación integral de cada escuela para que pueda ser asistida en sus necesidades y contextos (Opción 66), reforzar los núcleos de aprendizaje básicos (NAP) y brindar materiales poderosos para la enseñanza, ya sean libros o nuevos entornos digitales (Opciones 57, 58 y 79). Esto requiere una reconstrucción de la política pedagógica y curricular en los ministerios de Educación, mediante la creación de lazos con los saberes de las escuelas y el cambio de una realidad donde predomina la dispersión de las acciones (Opción 36).

Formar capacidades pedagógicas continuas

Todos los criterios y sugerencias de políticas se reúnen en los docentes, mediadores y productores de derechos y aprendizajes de sus alumnos. El diagnóstico indica la necesidad de cambiar aspectos profundos de las prácticas pedagógicas y crear nuevos sentidos de la enseñanza, más potentes y justos. Para ello, es necesario generar un proceso de apropiación pedagógica por parte de los docentes que no puede ser logrado sin instancias de formación acordes.

La clave del cambio pasa por la formación, el reclutamiento y la capacitación docente, que constituyen prioridades centrales de la política educativa para el futuro. La concentración de la formación en instituciones fuertes, con recursos, edificios propios y tecnología de punta debe combinarse con reformas curriculares, becas para estudios superiores de los formadores y la incorporación de un examen de finalización de la formación docente (Opciones 16 a 19). Estas políticas son complejas, pero merecen ser abordadas dado que desde allí se desprenderán los cambios más profundos en los próximos años.

En paralelo, hay que crear y aprovechar los dispositivos virtuosos de formación de capacidades autónomas en los educadores que ya existen. Por ejemplo, desplegar políticas de formación, reclutamiento y apoyo en territorio para directivos y supervisores (Opciones 24, 25, 26 y 68), actores multiplicadores de la enseñanza y ejes locales del cambio. O aprovechar las nuevas tecnologías para distribuir conocimientos pedagógicos en forma masiva a través de dispositivos innovadores.

El planeamiento educativo debe tornarse cada vez más hacia la creación de conocimientos densos que viajen ligeros entre los docentes y las escuelas. Las plataformas virtuales, la difusión sistemática de experiencias valiosas, las redes de investigación-acción y diversas políticas de fortalecimiento de los lazos pedagógicos (Opciones 39 a 42, 79 y 80) son caminos posibles que requieren adecuaciones según los contextos.[1] En todos los casos, el criterio a seguir es la construcción de comunidades de aprendizaje dentro del propio sistema educativo, para fomentar la autonomía pedagógica y la reflexión constante sobre las prácticas.

Los caminos están abiertos

La política educativa tiene por delante un doble camino: continuar su arduo trabajo diario de gestión del inmenso sistema que administra y, al mismo tiempo, repensarlo todo con la mirada puesta en las injusticias del presente y las aceleradas transformaciones tecnológicas y culturales. Abandonar o debilitar alguna de estas dos dimensiones significará más desigualdad, exclusión y pobreza, tarde o temprano. La gran pregunta es cómo combinar ambas labores: ¿cómo gestionar el presente y abrir el futuro al mismo tiempo?

En este libro intentamos respaldar distintas vías concretas para hacer el duro trabajo de gobernar la educación, que por momentos parece imposible. Los caminos de la política educativa requieren fortalecer el rol del Estado con un perfil democrático y profesional. La construcción de sólidas capacidades de planeamiento, coordinación de áreas de trabajo, formación de equipos y liderazgo político y pedagógico son pasos concretos

---

[1] A veces, el primer paso es intentar crear tiempo para que los docentes puedan capacitarse, leer, indagar sobre las nuevas tecnologías. Este proceso, en muchos casos, es tan complejo en términos de planificación educativa como aquellas políticas densas de formación. Los criterios deben ajustarse al contexto, en lugar de suponer que las opciones aquí propuestas se aplican en el vacío teórico.

para aprovechar todo el potencial de la política educativa (véanse los Capítulos 2 y 3).

Con esas bases, puede abrirse la imaginación de la política educativa y evitar la naturalización del presente, que es una forma de condenar a la educación a la reproducción de las desigualdades. Hay mucho por hacer con y sin recursos, con más o menos capacidades instaladas en los ministerios. El listado de opciones de política (Capítulos 4 a 7) es solo una muestra de todo lo que puede ser potenciado para garantizar el derecho a la educación.

Si el listado de opciones abre caminos múltiples, no hay que olvidar una visión sistémica del planeamiento educativo. Hay que pensar cómo cada acción se enlaza con las demás, cómo se refuerzan y tienen sentido en conjunto, cómo se establecen secuencias, continuidades y cadenas de valor, verdaderos círculos virtuosos de aprendizaje. No existe ninguna fórmula mágica y cuánto más desintegrado esté un plan de gobierno, cuánto más reactiva sea la agenda de la política educativa, mayor será la incoherencia que vivan las aulas, abandonadas así a su propia suerte.

Por eso, es esencial apoyarse en los dispositivos de política educativa. La política no está divorciada de las prácticas pedagógicas, existe un profundo entramado de estos niveles de gobierno que constituyen los grandes dispositivos: el currículum, la formación y la capacitación docente, la regulación o distribución de materiales, la supervisión escolar y la evaluación de los alumnos. Es fundamental fortalecerlos, darles sentido y coherencia. Y también es necesario repensarlos y crear nuevos dispositivos –como regularidades automáticas y sistémicas de la relación entre el Estado y las prácticas pedagógicas–, que tengan su misma o mayor capacidad de impacto en los tiempos que corren.

El gobierno de la educación no puede abandonar el futuro a su suerte. En tiempos vertiginosos, deben hacerse todas las preguntas de la política educativa de nuevo para crear un lazo entre las posibilidades de las nuevas tecnologías y las acuciantes realidades sociales del presente. Ya no basta con preguntarse cómo lograr más acceso a la escuela, sino que hay que indagar cómo se generan relaciones masivas con el conocimiento. Anticipar el futuro incluye un diálogo con las tecnologías de punta, prever su alcance, sus efectos, y comenzar a diseñar hoy lo que podrán convertirse en redes de aprendizaje mañana.

La tarea de la política educativa debe ser contemplada como una fuente de mayor desarrollo y justicia. A veces, esta tarea parece invisible, lejana en los territorios y abstracta en el tiempo. Pero está ahí presente. Moviliza millones de vínculos, disposiciones, contagios y contactos entre sujetos y saberes. Los caminos para dar nuevos y más potentes sentidos a esos contactos constituyen el desafío por descifrar en las aguas revueltas que navegamos.

BIBLIOGRAFÍA

ACIJ: *Subsidios estatales a escuelas de gestión privada en la Ciudad de Buenos Aires*. Buenos Aires, ACIJ, 2011. Disponible en: http://acij.org.ar/wp-content/uploads/2011/11/Subsidio-a-privadas-web.pdf

ACIJ: *Falta de vacantes escolares en el nivel inicial de la Ciudad de Buenos Aires*. Buenos Aires, ACIJ, 2013. Disponible en: http://acij.org.ar/wp-content/uploads/2013/05/INFORME-Falta-de-Vacantes-2013.pdf

Adelantado, J.; Noguera, J. y Rambla, X.: "El marco de análisis: las relaciones complejas entre estructura social y políticas sociales". En Adelantado J. (Ed.), *Cambios en el Estado de bienestar*, Icaria, Barcelona, 2001.

Aguerrondo, I.: *El centralismo en la educación primaria argentina*. Consejo Federal de Inversiones, Buenos Aires, 1976.

_____: *El planeamiento educativo como instrumento de cambio*. Troquel, Buenos Aires, 1994.

_____: *Ministerios de Educación: de la estructura jerárquica a la organización sistémica en red*. IIPE-UNESCO, Buenos Aires, 2002.

_____; Araujo, A. y Mejer, F.: "Análisis de los órganos de gobierno y administración de la educación del sistema educativo: estructuras organizativas de las distintas jurisdicciones y funcionamiento de las áreas de planeamiento educativo". *Serie Estudios N° 2*. FOPIIE, Ministerio de Educación de la Nación, Buenos Aires, 2009.

Aguilar Villanueva, L.: "Estudio introductorio". En Aguilar Villanueva, L. (Ed.), *Problemas públicos y agenda de gobierno*, Porrúa, México D.F., 1993.

_____: *La implementación de las políticas*. Porrúa, México D.F., 2003.

Ávalos, B.: *Chile: Mejoramiento de la formación inicial de profesores: conjunción de políticas nacionales e iniciativas institucionales*. UNESCO, Santiago de Chile, 1999a.

_____: *Desarrollo docente en el contexto de la institución escolar. Los microcentros rurales y los grupos profesionales de trabajo en Chile*. Conferencia "Los maestros en América Latina: nuevas perspectivas sobre su desarrollo y desempeño". San José de Costa Rica, 1999b.

Ball, S.: "Textos, discursos y trayectorias de la política: la teoría estratégica". *Páginas de la Escuela de Ciencias de la Educación*, (2), 2002.
Banco Mundial: *Making Schools Work. New Evidence on Accountability Reforms*. Washington D.C., Banco Mundial, 2011. Disponible en: http://siteresources.worldbank.org/EDUCATION/Resources/278200-1298568319076/makingschoolswork.pdf
Barber, M. y Mourshed, M.: *Cómo hicieron los sistemas educativos con mejor desempeño del mundo para alcanzar sus objetivos*. PREAL, 2008. Disponible en: http://www.oei.es/pdfs/documento_preal41.pdf
Bardach, E.: *The Implementation Game*. The MIT Press, Cambridge, Massachusetts, 1980.
Batallán, G.: *Docentes de infancia. Antropología del trabajo en la escuela primaria*, Paidós, Buenos Aires, 2007.
Batiuk, V.: "Las políticas de desarrollo curricular del Ministerio de Educación de la Nación 1993-2002. Acerca de la construcción de una voz oficial sobre la enseñanza". Tesis de Maestría. Escuela de Educación, Universidad de San Andrés, 2005. Disponible en: http://www.udesa.edu.ar/files/MAEEDUCACION/RESUMENBATIUK.PDF
_____: *Políticas pedagógicas y curriculares. Opciones y debates para los gobiernos provinciales*. Serie "Proyecto Nexos: Conectando saberes y prácticas para el diseño de la política educativa provincial", CIPPEC, Buenos Aires, 2008.
Bellei, C.; Osses, A. y Valenzuela, J. P.: *Asistencia Técnica Educativa: de la intuición a la evidencia*, Ocho Libros Editores, Santiago de Chile, 2010.
Bernstein, B.: *La estructura del discurso pedagógico*. Morata, Madrid, 1994.
_____: *Pedagogía, control simbólico e identidad*. Morata, Madrid, 1998.
Bezem, P.: "Equidad en la distribución social de la oferta de educación pública en la Argentina". *Documento de Trabajo Nro. 91*. CIPPEC, Buenos Aires, 2012.
_____; Mezzadra, F. y Rivas, A.: Informe final de Monitoreo de la Ley de Financiamiento Educativo. Informe de Monitoreo y Evaluación. CIPPEC, Buenos Aires, 2012. Disponible en: http://www.cippec.org/Main.php?do=documentsDoDownload&id=612
BID: *Aprendizaje en las escuelas del siglo XXI: Hacia la construcción de escuelas que promueven el aprendizaje, ofrecen seguridad y protegen el medio ambiente*. BID, Washington D.C., 2012a. Disponible en: http://idbdocs.iadb.org/wsdocs/getdocument.aspx?docnum=36895040
_____; *Desconectados. Habilidades, educación y empleo en América Latina*. Banco Interamericano de Desarrollo, Washington D.C., 2012b. Disponible en: http://www.iadb.org/es/temas/educacion/desconectados-descagas,6114.html
Bilbao, R. y Rivas, A.: "Las provincias y las TIC: avances y dilemas de política educativa". *Documento de Trabajo Nro. 76*. CIPPEC, Buenos Aires, 2011. Disponible en: http://www.cippec.org/Main.php?do=documentsDoDownload&id=534

Binstock, G. y Cerrutti, M.: *Carreras truncadas. El abandono escolar en el nivel medio en la Argentina.* UNICEF, Buenos Aires, 2005.

Boulding, K.: *Three Faces of Power.* Sage, Newbury Park, CA, 1990.

Bradach, J. y Eccles, R.: "Price, Authority and Trust: From Ideal Types to Plural Forms". En Thompson, Ed., *Annual Review of Sociology,* 15, 1989.

Braslavsky, C. y Filmus, D.: *Respuestas a la crisis educativa.* Cántaro, FLACSO y CLACSO, Buenos Aires, 1988.

Britos, S.; O'Donnell, A.; Ugalde, V. y Clacgeo, R.: *Programas alimentarios en Argentina.* CESNI, Buenos Aires 2003. Disponible en: http://www.bvsde.paho.org/texcom/nutricion/35-programas.pdf

Brunner, J. J. y Elacqua, G.: *Calidad de la educación. Claves para el debate.* Universidad Adolfo Ibáñez y Ril, Santiago de Chile, 2006.

Carnoy, M.: *Cuba's Academic Advantage.* Stanford University Press, Stanford, 2007.

Cervini, R.: "La distribución social de los rendimientos escolares". En E. Tenti Fanfani (Ed.), *El rendimiento escolar en la Argentina. Análisis de resultados y factores.* Losada, Buenos Aires, 2002.

_____: "Diferencias de resultados cognitivos y no-cognitivos entre estudiantes de escuelas públicas y privadas en la educación secundaria de Argentina: Un análisis multinivel", *Education Policy Analysis Archives,* 11(5), 2003. Disponible en: http://epaa.asu.edu/epaa/v11n6/

Coria, J. y Mezzadra, F.: "La formación docente continua en las provincias. Un análisis comparado de las políticas y regulaciones provinciales", *Documento de Trabajo.* CIPPEC, Buenos Aires, 2013. Disponible en: http://www.cippec.org/Main.php?do=documentsDoDownload&id=642

Corrales, J.: "Aspectos Políticos en la Implementación de las Reformas Educativas", *Documento N° 14.* PREAL, Santiago de Chile, 1999. Disponible en: http://www.preal.org/Archivos/Preal Publicaciones/PREAL Documentos/corrales14.pdfespañol.pdf

Corvalán, J. C.; Colombato, N.; Velaz, N.; Thisted, S.; Seoane, V.; Hanfling, M.; Doublier, N., y otros: *Pasar la posta, tomar la posta.* CEPA, Ministerio de Educación, Gobierno de la Ciudad Autónoma de Buenos Aires, Buenos Aires, 2006. Disponible en: http://www.buenosaires.gob.ar/areas/educacion/cepa/pasar_la_posta_1.pdf

Croce, A.: "De las resistencias internas para incluir a los adolescentes y jóvenes en el sistema educativo". En Krichesky, M. (Ed.), *Adolescentes e inclusión educativa.* Noveduc, OEI, UNICEF, SES, Buenos Aires, 2005.

Cuban, L.: "A Fundamental Puzzle of School Reform", *Phi Delta Kappan,* 69, 1988.

Cummings, W.: *The Institutions of Education. A Comparative Study of Educational Development in Six Core Nations.* Symposium Books, Oxford, 2003.

_____ y Cummings, J.: *Policy-making for Education Reform in Developing Countries. Contexts and Processes,* Vol. I. Scarecrow, Oxford, 2005.

_____: *Policy-Making for Education Reform in Developing Countries. Policy Options and Strategies*, Rowman y Littlefield, Lanham, 2008.
Dale, R.: "The State and the Governance of Education: An Analysis of the Restructuring of the State-Education Relationship". En Halsey, A. (Ed.), *Education, Culture, Economy, Society*. Oxford University Press, Oxford, 1997.
Darling-Hammond, L.: "Constructing 21st-Century Teacher Education", *Journal of Teacher Education*, 57(3), 300-314, 2006.
_____ y Lieberman, A. (Eds.): *Teacher Education Around the World. Changing Policies and Practices*. Routledge, Nueva York, 2012.
David, J. y Cuban, L.: *Cutting Through the Hype. The Essential Guide to School Reform*. Harvard Education Press, Cambridge, 2010.
Davini, M. C.: *Estudio de la calidad y cantidad de oferta de la formación docente, investigación y capacitación en la Argentina*. Ministerio de Educación, Ciencia y Tecnología, 2005.
De Miguel, A.: "Escenas de lectura escolar. La intervención normalista en la formación de la cultura letrada moderna", en Cucuzza, H. y Pineau, P. (Dir), *Para una historia de la enseñanza de le lectura y escritura en Argentina*, Miño y Dávila, Buenos Aires, 2004.
Departamento de Educación: *Enhancing Teaching and Learning Through Education Data Mining and Learning Analytics: An Issue Brief*. Office of Educational Technology, Departamento de Educación de Estados Unidos, Washington D.C., 2012.
Diker, G. y Terigi, F.: *La formación de los profesores: hoja de ruta*. Paidós, Buenos Aires, 1997.
Dreeben, R.: "The School as a Workplace". En Ozga, J. (Ed.), *School Work. Approaches to the Labour Process of Teaching*. Open University Press, Philadelphia, 1988.
Drucker, P.: *Managing for Results*. Heinemann, Londres, 1964.
Duarte, J.; Moreno, M. y Gargiulo, C.: "Infraestructura escolar y aprendizajes en la educación básica latinoamericana: un análisis a partir del SERCE". *Nota Técnica IDB-TN-277*. Banco Interamericano de Desarrollo, Washington D.C., 2011.
Dubet, F.: *La escuela de las oportunidades: ¿qué es una escuela justa?* Gedisa, Barcelona, 2005.
Dupriez, V.: *Methods of Grouping Learners at School*. UNESCO, París, 2010.
Duro, E. y Nirenberg, O.: *Instrumento de autoevaluación de la calidad educativa, (IACE) : un camino para mejorar la calidad educativa en las primarias*. UNICEF, Buenos Aires, 2008.
Duru-Bellat, M.: *Les effets de la ségrégation sociale de l'environnement scolaire: l'éclairage de la recherche*. Commission du débat national sur l'avenir de l'école, París, 2004.

Dussel, I.: "Pedagogía y burocracia: notas sobre la historia de los inspectores", *Revista Argentina de Educación*, 23, 1995.
Egan, K.: *Learning In Depth. A Simple Innovation That Can Transform Schooling.* The University of Chicago Press, Londres, 2010.
Elisalde, R. y Ampudia, M. (Eds.): *Movimiento sociales y educación. Teoría e historia de la educación popular en América Latina.* Buenos Libros, Buenos Aires, 2008.
Elmore, R.: "Organizational Models of Social Program Implementation", *Public Policy*, 26, 1978.
———: "Backward Mapping: Implementation Research and Policy Decisions", *Political Science Quarterly*, 94(4), 1980.
Etzioni, A.: *A Comparative Analysis of Complex Organizations.* Free Press, Nueva York, 1961.
———: "Mixed-scanning: A 'Third' Approach to Decision-making", *Public Administration Review*, 385-392, 1967.
Fagerling, I. y Saha, L.: *Education and National Development. A Comparative Perspective.* Pergamon Press, Oxford, 1983.
Falus, L. y Goldberg, M.: *Recursos, instalaciones y servicios básicos en las escuelas primarias. Otra forma que asume la desigualdad educativa.* UNESCO-OEI-SITEAL, Buenos Aires, 2010.
Feldman, D. y Palamidessi, M.: "Viejos y nuevos planes. El currículum como texto normativo", *Propuesta Educativa*, 6, 69-73, 1994.
Fernandes, R.: Índice de Desenvolvimento da Educação Básica (IDEB). Instituto Nacional de Estudos e Pesquisas Educacionais Anísio Teixeira (INEP), Brasilia, 2007.
Fernández Reiris, A.: *El libro de texto y su interrelación con otros medios de enseñanza.* Miño y Dávila, Buenos Aires, 2004.
Finocchio, S.: *La escuela en la historia argentina.* Edhasa, Buenos Aires, 2009.
Flecha García, R. y Puigvert, L.: *Las comunidades de aprendizaje. Una apuesta por la igualdad educativa.* Universidad de Barcelona, Barcelona, s.f.
Frelat-Kahn, B.: "La formación docente en Francia: una voluntad sistémica". En *La formación docente entre el siglo XIX y el siglo XXI.* Ministerio de Educación de la Nación, Buenos Aires, 2003.
Fullan, M.: *The New Meaning of Educational Change.* Routledge, Nueva York, 1991.
———: *The Six Secrets of Change.* Jossey-Bass, San Francisco, 2008.
———: *All Systems Go: The Change Imperative for Whole System Reform.* SAGE, Thousand Oaks, 2010.
Fundación Telefónica: *La generación interactiva en la Argentina. Niños y jóvenes ante las pantallas.* Fundación Telefónica, Buenos Aires, 2010. Disponible en: http://generacionesinteractivas.org/upload/libros/Informe-la-Generaci%C3%B3n-Interactiva-Argentina.pdf
Gayo, M.; Méndez, L.; Radakovich, R. y Wortman, A.: "Consumo cultural y desigualdad de clase, género y edad: un estudio comparado en Argentina,

Chile y Uruguay", *Serie Avances de Investigación N° 62*. Fundación Carolina, Madrid, 2011. Disponible en: http://www.fundacioncarolina.es/es-ES/publicaciones/avancesinvestigacion/Documents/AI62.pdf

Goodson, I.: *Professional Knowledge, Professional Lives: Studies in Education and Change*. Open University Press, Maidenhead, 2003.

Grindle, M.: *Despite the Odds. The Contentious Politics of Education Reform*. Princeton University Press, Nueva Jersey, 2004.

Gvirtz, S.: *Equidad y niveles intermedios de gobierno en los sistemas educativos: un estudio de casos en la Argentina, Chile, Colombia, Perú*. Aique, Buenos Aires, 2008.

Hargreaves, A.: *Changing Teachers, Changing Times: Teachers Work and Culture in the Postmodern Age*. Cassell, Londres, 1994.

_____ y Shirley, D.: *The Fourth Way. The Inspiring Future for Educational Change*. Corwin, California, 2009.

Heckman, J.: "Schools, Skills and Synapses", *Discussion Paper No. 3515*. IZA, Bonn, 2008.

Hernández Collazo, R. L.: *La práctica pedagógica videograbada. La práctica pedagógica en las escuelas primarias generales del Programa Escuelas de Calidad*. Centro Chihuahuense de Estudios de Posgrado, 2006.

Hill, M. y Hupe, P.: *Implementing Public Policy. Governance in Theory and in Practice*. SAGE, Londres, 2002.

Hirschman, A.: *Salida, voz y lealtad: respuestas al deterioro de empresas, organizaciones y Estados*. Fondo de Cultura Económica, México D.F., 1977.

Hobson, A.; Ashby, P.; McIntyre, J. y Malderez, A.: "International Approaches to Teacher Selection and Recruitment", *OECD Education Working Paper No. 47*. OECD Publishing, 2010. Disponible en: http://dx.doi.org/10.1787/5kmbphhh6qmx-en

Iaies, G.: "¿Por qué y para qué la evaluación docente en América Latina?" Fundación CEPP, Buenos Aires, 2011. Disponible en: http://www.fundacioncepp.org.ar/wp-content/uploads/2011/05/Gustavo-Iaies.-Paper-Seminario-Buenos-Aires1.pdf

IIPE-UNESCO y PNUD: *Abandono escolar y políticas de inclusión en la educación secundaria*. IIPE-UNESCO; PNUD, Buenos Aires, 2009.

INFD: *La formación docente en alfabetización inicial*. Instituto Nacional de Formación Docente, Buenos Aires, 2010a.

_____: *La formación docente en alfabetización inicial. Literatura infantil y didáctica*. Instituto Nacional de Formación Docente, Buenos Aires, 2010b. Disponible en: http://cedoc.infd.edu.ar/upload/Literatura_infantil_didactica.pdf

Ingvarson, L: *Standards for School Leadership: A Critical Review of the Literatura*. Australian Institute for Teaching and School Leadership, Australian Council for Educational Research (ACER), 2006.

Isoré, M.: "Evaluación docente: prácticas vigentes en los países de la OCDE y una revisión de la literatura". *PREAL*, Washington D.C. 2010.

Kaufman, R. y Nelson, J.: "The Politics of Education Sector Reform: Cross-National Comparisons". En Kaufman, R. y Nelson, J. (Eds.), *Crucial Needs, Weak Incentives. Social Sector Reform, Democratization and Globalization in Latin America.* Woodrow Wilson Center Press, Washington D.C., 2004.

Kennewell, S.: "Reflections on the Interactive Whiteboard Phenomenon. A Synthesis of Research from the UK. Swansea: Swansea School of Education", 2007. Disponible en: http://www.aare.edu.au/06pap/ken06138.pdf

Kettle, K.: "Blindness to Change Within Processes of Spectacular Change? What Do Educational Researchers Learn from Classroom Studies?". En Hargreaves, A.; Lieberman, A.; Fullan, M. y Hopkins, D. (Eds.), *Second International Handbook of Educational Change.* Springer, Nueva York, 2010.

Kit, I.; Labate, H. y España, S.: *Educación de calidad en tiempo oportuno: realidades y posibilidades para la población de 6 a 14 años en Argentina.* Asociación Civil Educación para Todos, Buenos Aires, 2006.

_____; Scasso, M., España, S. y Morduchowicz, A.: *Completar la escuela. Un derecho para crecer, un deber para compartir.* UNICEF, Panamá, 2012. Disponible en: http://completarlaescuela.org/informe/

Kochen, G.: *Aportes conceptuales y experiencias relevantes sobre la educación en la primera infancia.* IIPE-UNESCO, Buenos Aires, 2013. Disponible en: http://www.iipe-buenosaires.org.ar/system/files/documentos/Primera infancia2013.pdf

Legarralde, M. y Veleda, C.: *Opciones de política educativa para el nivel primario.* CIPPEC, Buenos Aires, 2009. Disponible en: http://www.cippec.org/Main.php?do=documentsDoDownload&id=335

Leithwood, K.; Seashore Louis, K.; Anderson, S. y Wahlstrom, K.: *Review of Research: How Leadership Influences Student Learning. Learning from Leadership Project.* University of Minnesota University of Toronto The Wallace Foundation, 2004.

Levin, B.: *How to Change 5000 Schools. A Practical and Positive Approach for Leading Change at Every Level.* Harvard Educational Publishing Group, Cambridge, 2008.

Lindblom, C.: "Still Muddling, Not Yet Through", *Public Administration Review*, 19, 1979.

Lipina, S.: *Vulnerabilidad social y desarrollo cognitivo. Aportes de la neurociencia.* Universidad Nacional de San Martín, Buenos Aires, 2008.

Lipsky, M.: *Street Level Bureaucracy: Dilemmas of the Individual in Public Services.* Russel Sage Foundation, Nueva York, 1983.

Llach, J. J.: *El desafío de la equidad educativa. Nuevas perspectivas en educación.* Ediciones Granica, Buenos Aires, 2006.

LLECE-UNESCO: "Avance del Estudio de Factores Asociados", *Los aprendizajes de los estudiantes de América Latina y el Caribe. Primer reporte de los resultados del Segundo Estudio Regional Comparativo y Explicativo.* OREALC-UNESCO,

Santiago de Chile, 2008. Disponible en: http://unesdoc.unesco.org/images/0016/001606/160660s.pdf

_____: *Factores asociados al logro cognitivo de los estudiantes de América Latina y el Caribe*. UNESCO, Santiago de Chile, 2010. Disponible en: http://unesdoc.unesco.org/images/0018/001867/186769s.pdf

Llinás, P.: *Políticas de dotación de libros de texto en Argentina*. CIPPEC, Buenos Aires, 2005.

Long, P. D. y Siemens, G.: "Penetrating the Fog: Analytics in Learning and Education", *Educause Review*, 46(5), 2011, 30-32.

López, N.: *Equidad educativa y desigualdad social*. IIPE-UNESCO, Buenos Aires, 2005.

_____; Corbetta, S. y D'Alessandre: *La situación de la primera infancia en la Argentina. A dos décadas de la ratificación de la Convención sobre los Derechos del Niño*. SITEAL (IIPE-UNESCO), Fundación ARCOR, Córdoba, 2012. Disponible en: http://www.sipi.siteal.org/sites/default/files/sipi_publicacion/informe_situacion_infancia_completo.pdf

Lowi, T.: "Four Systems of Policy Politics and Choice", *Public Administration Review*, 32, 1972.

Meny, Y. y Thoenig, J.-C.: *Las políticas públicas*. Ariel, Barcelona, 1992.

Mezzadra, F.: Proyecto de asistencia técnica para la implementación de metas específicas de la ley de educación nacional: el sistema de distribución de docentes en Argentina. CIPPEC, Buenos Aires, 2007.

_____: "El ausentismo docente en la Argentina", *Documento de Asistencia Técnica para el Ministerio de Educación de la Nación*. CIPPEC (inédito) Buenos Aires, 2011.

_____ y Bilbao, R.: "Los directores de escuela: debates y estrategias para su profesionalización", *Documento de Trabajo Nro. 58*. CIPPEC, Buenos Aires, 2011. Disponible en: http://www.cippec.org/Main.php?do=documentsDoDownload&id=471

_____ y Rivas, A.: "Aportes estatales a la educación de gestión privada en la provincia de Buenos Aires", *Documento de Trabajo Nro. 51*. CIPPEC, Buenos Aires, 2010. Disponible en: http://www.cippec.org/Main.php?do=documentsDoDownload&id=439

Ministerio de Educación de la Nación: *Encuesta nacional de consumos culturales*. Buenos Aires: Programa Escuela y Medios, 2006. Disponible en: http://www.me.gov.ar/escuelaymedios/material/encuesta.pps

_____: *Consumos culturales digitales: jóvenes de 13 a 18 años*. Educ.ar S.E., Buenos Aires, 2012 Disponible en: http://bibliotecadigital.educ.ar/uploads/contents/TIC_ConsumosCulturalesPARAOKFINAL1.pdf

Morduchowicz, A. y Louzano, P.: "Formación docente en Chile", *Documento Nro. 57*. PREAL, Santiago de Chile, 2011.

Morgan, G.: *Images of Organization*. SAGE, Newbury Park, 1986.

Moursed, M.; Chijioke, C. y Barber, M.: "Cómo continúan mejorando los sistemas educativos de mayor progreso en el mundo", *Serie Documentos N° 61*. PREAL, Santiago de Chile, 2012. Disponible en: http://www.preal.org/Archivos/Preal Publicaciones\PREAL Documentos/PREALDOC61V.pdf

Navarro, J. C.: "Dos clases de políticas educativas. La política de las políticas públicas", *Documento N° 36*. PREAL, Santiago de Chile, 2006. Disponible en: http://www.preal.org/Archivos/PrealPublicaciones/PREAL Documentos/PREAL 36.pdf

O'Toole, L.: "Recomendaciones prácticas para la implementación de las políticas que involucran a múltiples autores: una evaluación de campo", *La implementación de las políticas*. Porrúa, México D.F., 2003.

OCDE: "PISA 2009 Results: What Students Know and Can Do", *Student Performance in Reading, Mathematics and Science* (Volume I). OECD Publishing, 2010. Disponible en: http://dx.doi.org/10.1787/9789264091450-en

_____: *Against the Odds: Disadvantaged Students Who Succeed in School*. OECD Publishing, París, 2011a. Disponible en: http://browse.oecdbookshop.org/oecd/pdfs/free/9810061e.pdf

_____: *Strong Performers and Successful Reformers in Education. Lessons from PISA for the United States*. OECD Publishing, París, 2011b. Disponible en: http://www.oecd.org/pisa/46623978.pdf

_____: *Building a High-Quality Teaching Profession. Lessons from around The world* (p. 65). OECD Publishing, París, 2011c.

_____: *Teachers for the 21st Century. Using Evaluation to Improve Teaching*. OECD Publishing, París, 2013.

OREALC-UNESCO: *Los aprendizajes de los estudiantes en América Latina y el Caribe. Segundo Estudio Regional Comparativo y Explicativo, Laboratorio Latinoamericano de Evaluación de la Calidad de la Educación*. OREALC UNESCO, Santiago de Chile, 2008.

Oszlak, O. y O'Donnell, G.: "Estado y políticas estatales en América Latina: hacia una estrategia de investigación", *Revista Venezolana de Desarrollo Administrativo*, (1), 1982.

Palamidessi, M.: "El curriculum para la escuela primaria argentina: continuidades y cambios a lo largo de un siglo". En Terigi, F. (Ed.), *Diez miradas sobre la escuela primaria*. Siglo XXI, Buenos Aires, 2006.

Parsons, W.: *Políticas públicas: Una introducción a la teoría y la práctica del análisis de políticas públicas*. Miño y Dávila, FLACSO, México D.F., 2007.

Paviglianiti, N.: "Aproximaciones al desarrollo histórico de la política educacional", *Revista Praxis Educativa*, 2(2), 1996.

Pedró, F. y Puig, I.: *Las reformas educativas. Una perspectiva comparada*. Paidós, Buenos Aires, 1998.

PREAL: "Iniciativas orientadas a la formación y perfeccionamiento de los docentes", *Serie Mejores Prácticas*. Año 2, N° 6. PREAL, Santiago de Chile, 2000.

Puiggrós, A.: *Sujetos, disciplina y currículum en los orígenes del sistema educativo argentino.* Galerna, Buenos Aires, 2006.
Richardson, J.: *Policy Styles in Western Europe.* Dorsey Press, Hornewood, 1982.
Ripley, R. y Franklin, G.: *Bureaucracy and Policy Implementation.* Dorsey, Homewood, 1982.
Rivas, A.: *Gobernar la educación. Estudio comparado sobre el poder y la educación en las provincias argentinas.* Ediciones Granica, Buenos Aires, 2004.
_____: *Lo uno y lo múltiple. Esferas de justicia del federalismo educativo.* Academia Nacional de Educación, Buenos Aires, 2009.
_____: *Educar hoy en el conurbano bonaerense. Un estudio sobre la docencia y las aulas.* Aique, Buenos Aires, 2013.
_____; Batiuk, V.; Composto, C.; Mezzadra, F.; Scasso, M.; Veleda, C. y Vera, A.: *El desafío del derecho a la educación en la Argentina: un dispositivo analítico para la acción.* CIPPEC, Buenos Aires, 2007.
_____; Veleda, C.; Mezzadra, F.; Llinás, P. y Luci, F.: *Los Estados provinciales frente a las brechas socioeducativas. Una sociología política de las desigualdades educativas en las provincias argentinas.* CIPPEC, Buenos Aires, 2004.
_____; Vera, A. y Bezem, P.: *Radiografía de la educación argentina.* CIPPEC, Fundación ARCOR, Fundación Noble, Buenos Aires, 2010.
_____; _____ y Veleda, C.: "Mayor justicia en la oferta educativa", *Documento de Políticas Públicas. Recomendación N° 64.* CIPPEC, Buenos Aires, 2009. Disponible en: http://www.cippec.org/Main.php?do=documentsDoDownload&id=378
Sarason, S.: *The Culture of the School and the Problem of Change.* Allyn and Bacon, Boston, 1982.
Schiefelbein, P.; Schiefelbein, E. y Wolff, L.: "La educación primaria en América Latina. La agenda inconclusa", *Documento N° 24.* PREAL, Santiago de Chile, 2002. Disponible en: http://www.preal.org/Archivos/Preal Publicaciones/PREAL Documentos/Wolff24español.pdf
Senen González, S. : "Argentina: actores e instrumentos de la reforma educativa. Propuestas del centro y respuestas de la periferia", *Revista Alternativas,* V(18), 2000.
Serra, J. C.: *El campo de la capacitación docente. Políticas y tensiones en el desarrollo profesional.* FLACSO, Miño y Dávila, Buenos Aires, 2004.
Stein, E.; Tommasi, M.; Echebarria, K.; Lora, E. y Payne, M. (Eds.): *La política de las políticas públicas. Progreso económico y social en América Latina.* Banco Interamericano de Desarrollo, David Rockefeller Center for Latin American Studies, Harvard University, Editorial Planeta, Washington D.C., 2006. Disponible en: http://www.iadb.org/res/publications/pubfiles/pubITO-2006_esp.pdf
Tamayo Sáez, M.: "El análisis de las políticas públicas". En Bañon, R. y Castillo, E. (Eds.), *La nueva administración pública.* Alianza Universidad, Madrid, 1997.

Tedesco, J. C.: *La educación en el horizonte 2020.* Fundación Santillana, Madrid, 2010. Disponible en: http://www.fundacionsantillana.com/upload/ficheros/noticias/201011/documento_bsico.pdf

Terigi, F.: *Desarrollo profesional continuo y carrera docente en América Latina.* PREAL, Buenos Aires, 2006.

Tucker, M.: *Surprasing Shangai. An Agenda for American Education Built on the World's Leading Systems.* Harvard Education Press, Cambridge, 2011.

Tyack, D. y Cuban, L.: *Tinkering Toward Utopia. A Century of Public School Reform.* Harvard University Press, Londres, 1995.

Ulleberg, I.: *Incentive Structures as a Capacity Development Strategy in Public Service Delivery.* IIPE-UNESCO, París, 2009.

Vaillant, D.: *Construcción de la profesión docente en América Latina. Tendencias, temas y debates.* PREAL, Santiago de Chile, 2004.

_____: *Formación de docentes en América Latina. Re-inventando el modelo tradicional.* Octaedro, Barcelona, 2005.

Veleda, C.: "Evaluación del Congreso de Políticas Educativas de La Pampa", *Seminario: Los desafíos del buen gobierno. Congreso Iberoamercano y del Gobierno.* CIPPEC, Buenos Aires, 2003a.

_____: *Provincia de Córdoba. Informe jurisdiccional Nro. 15, Proyecto "Las provincias edcuativas. Estudio comparado sobre el poder y la educación en las 24 provincias argentinas".* CIPPEC, Buenos Aires, 2003b. Disponible en: www.cippec.org/proyectoprovincias/archivos/cordoba_ok.pdf?

_____: "Autonomía institucional y justicia distributiva en la normativa educativa. Estudio comparado de las provincias de Chaco, Tucumán y Buenos Aires", *Documento de Trabajo.* CIPPEC e IIPE-UNESCO, Buenos Aires, 2009.

_____: *La segregación educativa. Entre la fragmentación de las clases medias y la regulación atomizada.* La Crujía, Buenos Aires, 2012.

_____: *Nuevos tiempos para la educación primaria. Lecciones sobre la extensión de la jornada escolar.* CIPPEC, UNICEF, Buenos Aires, 2013.

_____ y Batiuk, V.: *Normativas, reglamentaciones y criterios escolares y docentes en la definición de la evaluación y promoción en el nivel EGB 1 y 2/primaria.* FOPIIE, Ministerio de Educación de la Nación, Buenos Aires, 2009. Disponible en: http://repositorio.educacion.gov.ar/dspace/handle/123456789/95587

_____; Coria, J. y Mezzadra, F.: "Balance de la gestión educativa de la provincia de Río Negro (2005-2011)", *Documento de Trabajo Nro. 85.* CIPPEC, Buenos Aires, 2012.

_____; Rivas, A. y Mezzadra, F.: *La construcción de la justicia educativa.* CIPPEC, UNICEF y Embajada de Finlandia, Buenos Aires, 2011.

_____; Tchintian, C.; Coppo, M. y Gigli, P.: *Políticas de promoción de la actividad física y deportiva: opciones para los niveles provincial y municipal.* CIPPEC,

Buenos Aires, 2009. Disponible en: http://www.cippec.org/Main.php?do=documentsDoDownload&id=363

Vera, A.: "Los jóvenes y la formación para el trabajo", *Documento de Trabajo Nro. 25*. CIPPEC, Buenos Aires, 2009. Disponible en: http://www.cippec.org/Main.php?do=documentsDoDownload&id=346

Vezub, L. F.: *Tendencias internacionales de desarrollo profesional docente. La experiencia de México, Colombia, Estados Unidos y España*. Ministerio de Educación, Ciencia y Tecnología de la Nación, Buenos Aires, 2005.

Viñao, A.: *Sistemas educativos, culturas escolares y reformas*. Morata, Madrid, 2002.

Wang, A. H.; Coleman, A. B.; Coley, R. J. y Phelps, R. P.: *Preparing Teachers Around the World*. Princeton University Press, Princeton, 2003.

Weiler, H.: "The Failure of Reform and the Macro-politics of Education. Notes on a Theoretical Challenge". En Yogev, A. y Rust, V. (Eds.), *International Perspectives on Education and Society*. JAI Press, Greenwich, CT, 1994.

Zamero, M.: *La formación docente en alfabetización como objeto de investigación. El primer estudio nacional*. Instituto Nacional de Formación Docente, Buenos Aires, 2010. Disponible en: http://cedoc.infd.edu.ar/upload/La_formacion_docente_en_alfabetizacion_inicial_como_objeto_de_investigacion_1.pdf

Ziegler, S.: "De las políticas curriculares a las resignificaciones de los docentes. Un análisis de la reforma de los años '90 en la Provincia de Buenos Aires a partir de la recepción de documentos curriculares por parte de los docentes". Tesis de Maestría en Ciencias Sociales con Orientación en Educación. FLACSO Argentina, 2001.

ACERCA DE LOS AUTORES

Axel Rivas es Licenciado en Ciencias de la Comunicación de la UBA, Máster en Ciencias Sociales y Educación de FLACSO. Se doctoró en Ciencias Sociales por la Universidad de Buenos Aires. Es Investigador Principal del Centro de Implementación de Políticas Públicas para la Equidad y el Crecimiento (CIPPEC), donde fue el Director del Programa de Educación durante 10 años (2002-2012). Es Director del portal de educación audiovisual *Las 400 clases*, desarrollado por CIPPEC y Navarro Viola. Es Profesor adjunto a cargo de Política Educativa en la Universidad Pedagógica de Buenos Aires. Es Profesor Titular de materias de grado y posgrado de Política Educativa en la Universidad de San Andrés (UdeSA) y Universidad Torcuato Di Tella (UTDT). Dicta cursos sobre Federalismo y Economía de la Educación en FLACSO-Argentina. Ha sido profesor en escuelas secundarias y durante doce años fue profesor de Sociología de la Educación en la UBA. Ha sido consultor de distintos organismos internacionales: UNICEF Argentina, IIPE-UNESCO, Banco Interamericano de Desarrollo, Banco Mundial y el PNUD. Ha desarrollado proyectos de asesoramiento y cambio educativo en colaboración con el Ministerio de Educación de la Nación y con varios ministerios de Educación provinciales. Es autor de ocho libros y más de 30 artículos sobre perspectivas comparadas y políticas de la educación. Entre sus libros se destacan *Gobernar la educación, Radiografía de la educación argentina* y el reciente *Viajes al futuro de la educación*. Ha ganado el premio de la Academia Nacional de Educación 2009. Ganó la Beca Chevening de la Embajada Británica para realizar estudios doctorales en el Instituto de Educación de la Universidad de Londres en 2004-05. En 2001 recibió el premio a la mejor investigación educativa del IIPE-UNESCO. Fue orador de TEDxRiodelaPlata. Twitter: @arivas7

Cecilia Veleda es Licenciada en Psicología de la UBA, Master en Ciencias de la Educación de Paris V-Université René Descartes. Se doctoró en Sociología por la *Ecole des Hautes Etudes en Sciences Sociales* (EHESS). Desde 2012 es Codirectora del Programa de Educación del Centro de Implementación de Políticas Públicas para la Equidad y el Crecimiento (CIPPEC), donde trabaja desde 2002. Es cotitular de las materias de la maestría Política Educativa Argentina y Problemas de Justicia Educacional, de la Universidad Torcuato Di Tella (UTDT). Ha sido profesora de Política Educacional de la Universidad Nacional de Quilmes (UNQ). Ha sido consultora de IIPE-UNESCO Buenos Aires y como miembro de CIPPEC ha coordinado numerosos proyectos de investigación aplicada y asesoramiento a ministerios de Educación provinciales en política educativa. Es autora de 5 libros y más de 20 artículos sobre distintas temáticas ligadas a la sociología y la política educativa. Entre sus libros se destacan *La segregación educativa*, *La construcción de la justicia educativa* (junto con Axel Rivas y Florencia Mezzadra), y *Nuevos tiempos para la educación primaria* (en prensa). Ha obtenido las becas doctorales del Programa Saint-Exupéry (Ministerio de Educación de la Nación y la Embajada Francesa) y de la Fundación Antorchas.

Florencia Mezzadra es Licenciada en Estudios Internacionales de la Universidad Torcuato Di Tella y Magíster en Política Educativa de la Universidad de Harvard. Desde 2012 es Codirectora del Programa de Educación del Centro de Implementación de Políticas Públicas para la Equidad y el Crecimiento (CIPPEC), donde trabaja desde 2001. Ha sido consultora del Ministerio de Educación de la Nación y desde CIPPEC ha colaborado con el Ministerio de Educación de la Nación y ministerios de Educación provinciales en proyectos de asesoramiento técnico en temas diversos, como el financiamiento de la educación privada y políticas para la docencia (ausentismo, formación y desarrollo profesional). Es co-autora de libros de política educativa, como *La construcción de la justicia educativa*, *El desafío del derecho a la educación en Argentina*, así como de diversos trabajos de investigación en temáticas específicas, como las TIC en educación, o la formación y selección de directores de escuela.

CIPPEC (Centro de Implementación de Políticas Públicas para la Equidad y el Crecimiento) es una organización independiente, apartidaria y sin fines de lucro que trabaja por un Estado justo, democrático y eficiente que mejore la vida de las personas. Para ello concentra sus esfuerzos en analizar y promover políticas públicas que fomenten la equidad y el crecimiento en la Argentina. Su desafío es traducir en acciones concretas las mejores ideas que surjan en las áreas de **Desarrollo Social, Desarrollo Económico** e **Instituciones y Gestión Pública**, a través de los programas de Educación, Salud, Protección Social, Política Fiscal, Integración Global, Justicia, Transparencia, Política y Gestión de Gobierno, Incidencia, Monitoreo y Evaluación, y Desarrollo Local.

El Programa de Educación de CIPPEC ha desarrollado líneas de investigación, monitoreo y asistencia técnica en diversas áreas de política educativa, trabajando con el Ministerio de Educación de la Nación Argentina, varios ministerios provinciales, organismos internacionales y organizaciones sociales. Este libro es fruto del Proyecto "Nexos de Política Educativa" (2006-2013), que puede encontrarse en **www.nexos.cippec.org**. Las siguientes fundaciones y empresas auspiciaron e hicieron posible el proyecto.

ACERCA DE LOS AUTORES

CIPPEC agradece en la primera etapa a:

y en la segunda etapa a:

Este libro se terminó de imprimir en el mes de octubre de 2013
en Talleres Gráficos Color Efe, Paso 192, Avellaneda,
Buenos Aires, Argentina

www.ingramcontent.com/pod-product-compliance
Lightning Source LLC
Chambersburg PA
CBHW070638160426
43194CB00009B/1499